कथा यात्रा

सम्पादक मण्डल

1. डॉ. सुकुमार भंडारे, अध्यक्ष, हिन्दी पाठ्य समिति
2. डॉ. गोपाल भोसले, सदस्य, हिन्दी पाठ्य समिति
3. डॉ. बळीराम धापसे, सदस्य, हिन्दी पाठ्य समिति
4. डॉ. अशोक मर्डे, सदस्य, हिन्दी पाठ्य समिति
5. डॉ. सुभाष पवार, सदस्य, हिन्दी पाठ्य समिति
6. डॉ. सैयद शौकतअली, सदस्य, हिन्दी पाठ्य समिति
7. डॉ. आसाराम बेवले, सदस्य, हिन्दी पाठ्य समिति
8. डॉ. वीणा दाढे, सदस्य, हिन्दी पाठ्य समिति
9. डॉ. माधव पंडित, सदस्य, हिन्दी पाठ्य समिति
10. डॉ. नारायण वाकळे, सदस्य, हिन्दी पाठ्य समिति

कथा-यात्रा

सम्पादक

डॉ. माधव सोनटक्के

वाणी प्रकाशन

प्रकाशन के उत्कृष्टतम 62 वर्ष

vaniprakashan.com

पहला संस्करण : 201
दूसरा संस्करण : 202

वाणी प्रकाशन
4695, 21-ए, दरियागंज, नयी दिल्ली-110 002
फ़ोन : + 91 11 23273167, 23275710
शाखाएँ
अशोक राजपथ, पटना-800 004, बिहार
कॉफ़ी हाउस कैम्पस, महात्मा गांधी मार्ग, प्रयागराज-211 001, उत्तर प्रदेश
महात्मा गांधी अन्तरराष्ट्रीय हिन्दी विश्वविद्यालय, वर्धा-442 001, महाराष्ट्र
sales@vaniprakashan.in
vaniprakashan@gmail.com

Katha-Yatra
Edited by Dr. Madhav Sontakke
ISBN : 978-93-5072-572-6

मूल्य : ₹ 90

जी.एस. ऑफ़सेट, दिल्ली-110 095 में मुद्रित
वाणी प्रकाशन का लोगो मक़बूल फ़िदा हुसैन की कूची से

कृतज्ञता ज्ञापन

बदलता परिवेश और भाषा तथा साहित्य के अध्ययन-अध्यापन में सामंजस्य आवश्यक है। इस वैश्वीकरण-बाजारीकरण के दौर में हिन्दी भाषा और साहित्य की महत्त्वपूर्ण भूमिका है। साहित्य संस्कारों द्वारा चेतना प्रदान करता है और भाषा उस चेतना को सक्रिय बनाने में अहम भूमिका निभाती है। भाषा और साहित्य अतीत से भविष्य को अपने वर्तमान से जोड़ने की क्षमता रखते हैं। डॉ. बाबासाहेब आंबेडकर मराठवाडा विश्वविद्यालय के कुलपति डॉ. पांढरी पाण्डे सृजनशील रचनाकार हैं। उनकी प्रेरणा से हिन्दी पाठ्य पुस्तकों के निर्माण का कार्य आरम्भ हुआ। हिन्दी पाठ्य समिति ने विगत वर्ष साहित्य सागर, गद्य सागर, काव्य सागर तथा व्यावसायिक सम्प्रेषण मूलक हिन्दी का संकलन सम्पादन किया था। इन ग्रन्थों का स्वागत बड़े पैमाने पर हुआ। देश के अनेक विश्वविद्यालयों के पाठ्यक्रमों में इन ग्रन्थों को शामिल किया गया है। इस वर्ष कथा सागर तथा कथा यात्रा इन दो संकलनों का सम्पादन पाठ्य समिति कर रही है। इस कार्य की प्रेरणा मा. कुलपति डॉ. पांढरी पाण्डे जी, कुलसचिव डॉ. धनराज माने, महाविद्यालय तथा विश्वविद्यालय विकास मण्डल के निदेशक डॉ. भगवत कटारे की रही है। इसलिए इनके प्रति कृतज्ञता व्यक्त करना हमारा परम दायित्व है। पाठ्य पुस्तकों के सुचारु सम्पादन में हमारे सम्पादक-समन्वयक तथा हिन्दी विभाग के अध्यक्ष प्रो. माधव सोनटक्के जी का अथक परिश्रम रहा है, उनके प्रति विशेष रूप में कृतज्ञता व्यक्त करता हूँ। पाठ्य समिति के सभी सदस्य सम्पादक मण्डल के सदस्य हैं। उनके सहयोग के बिना यह सम्पादन कार्य सम्भव ही नहीं होता, इसीलिए उनके प्रति भी आभार।

पाठ्य पुस्तकों को शुद्ध और सुचारु रूप में पाठकों तथा छात्रों के सामने प्रस्तुत करने का श्रेय वाणी प्रकाशन, दिल्ली को है। वाणी प्रकाशन तथा उनकी टीम के अन्य सदस्यों के प्रति धन्यवाद ज्ञापित करता हूँ।

धन्यवाद.......!

– डॉ. सुकुमार भंडारे

अध्यक्ष, हिन्दी पाठ्य समिति,

डॉ. बाबासाहेब आंबेडकर मराठवाडा

विश्वविद्यालय, औरंगाबाद (महाराष्ट्र)

भूमिका

कहा जाता है कि कहानी मनुष्य की आदिम अवस्था से सम्बद्ध है। यह तब उत्पन्न हुई थी जब मनुष्य ने पढ़ना भी नहीं सीखा था, साहित्य के मूल रूप उत्पन्न हो रहे थे। कहानी हमारे आदिम प्रवृत्तियों को अपील करती है। इसीलिए प्रत्येक मानव जाति का कथा साहित्य लिखित-अलिखित रूप में उसकी सभ्यता के आदिम चरण से ही मिलता है। मौखिक परम्परा के साथ ही लिखित रूप में कथा साहित्य की दीर्घ, विविधतापूर्ण एवं सम्पन्न परम्परा भारतवर्ष में देखी जा सकती है। लघु कहानियों से लेकर बृहदाकार कहानियों तक, सरलतम से लेकर गहनतम तक, पशु-पक्षियों से अदृश्य परियों—भूत प्रेतों तक, मनुष्य-जीवन के आत्मिक-आध्यात्मिक, पारलौकिक जीवन से लेकर लौकिक जीवन तक को चित्रित करने वाली कहानियों की परम्परा हमारे यहाँ विद्यमान रही है। ऋगवेद, इतिहास, पुराण, रामायण, महाभारत, पंचतन्त्र, बेताल पच्चीसी, जातक कथाएँ आदि अनेक प्राचीन ग्रन्थों में हजारों कहानियाँ मौजूद हैं। ये कहानियाँ मनोरंजन के साथ-साथ शिक्षा और उपदेश के सघन स्वर को लिए हुए हैं। इन कहानियों में काल्पनिक, दैवीय या चमत्कारिक कथानक अथवा घटनाएँ होती हैं।

हिन्दी में आधुनिक काल में 'कहानी' नामक जो गद्यरूप विकसित हुआ वह इसी परम्परा का स्वाभाविक विकास या पश्चिम के प्रभाव से उत्पन्न एक नितान्त नवीन गद्यरूप है, यह विवादास्पद प्रश्न है। लेकिन यह भी स्वीकार किया जाना चाहिए कि हिन्दी की आरम्भिक कहानियाँ मुख्यतः दो स्रोतों से आयी हैं—प्रथम, संस्कृत कथा या लोक प्रचलित मौखिक कथाओं का स्रोत तथा द्वितीय, उर्दू-फारसी कथाओं का स्रोत। इन कहानियों ने हिन्दी कहानी के लिए अनुकूल भूमि तैयार की थी। पश्चिम प्रभाव से उसे एक नया रूप प्राप्त हुआ और विकसित हुआ।

हिन्दी की पहली कहानी को लेकर विद्वानों में घनघोर मतभेद है। यह माना जाता रहा है कि बीसवीं शताब्दी के प्रथम दशक में हिन्दी में आधुनिक ढंग की कहानियाँ लिखी जाने लगीं। हिन्दी की मौलिक पहली कहानी के रूप में किशोरीलाल गोस्वामीकृत 'इन्दुमती' (1900), माधवप्रसाद मिश्रकृत 'मन की चंचलता' (1900), माधवराव सप्रे कृत 'एक टोकरी मिट्टी' (1901), मास्टर भगवानदीनकृत 'प्लेग की

चुडैल' (1902), आ. रामचन्द्र शुक्लकृत 'ग्यारह वर्ष का समय' (1903), बंग महिला कृत 'दुलाईवाली' (1907), वृन्दावनलाल वर्माकृत 'राखीबन्द' (1909), जयशंकर प्रसादकृत 'ग्राम' (1911), आदि कहानियों की चर्चा होती रही है। श्री देवी प्रसाद वर्मा ने माधवराव सप्रे की कहानी को पहली कहानी साबित करते हुए कई प्रमाण और तर्क प्रस्तुत किये। डॉ. खगेन्द्र ठाकुर ने वर्मा जी के दावे को और पुख्ता किया। अधिक विद्वानों ने भी इसी कहानी को हिन्दी की प्रथम कहानी के रूप में स्वीकार किया है। डॉ. अजय तिवारी ने रैवरेंड जे. न्यूटन की कहानी 'जमींदार का दृष्टान्त' (1871) को हिन्दी की प्रथम कहानी के रूप में प्रस्तावित किया है। उनका कहना है—"विषयवस्तु, सामाजिक चेतना, ऐतिहासिक यथार्थबोध, वर्गों के सम्बन्ध और तनाव, आधुनिक आर्थिक चेतना, कलात्मक विन्यास, किसी भी दृष्टि से देखें, न्यूटन की कहानी को 'कहानी' न मानने का कोई कारण नहीं है। वह प्रेमचन्द युग की कहानियों से कला एवं संवेदन में बहुत पीछे है, लेकिन 'रानी केतकी' से ही नहीं, बीसवीं सदी के प्रवेश के समय लिखी गयी अन्य कहानियों से भी बहुत आगे हैं। अपनी आरम्भिक सफलता के रहने पर भी उसमें कहानी का आभास नहीं, कहानी का स्वरूप विद्यमान है।

पहली कहानी के सम्बन्ध में उठे विवादों में न पड़ते हुए इतना कहा जा सकता है कि ये सभी हिन्दी की आरम्भिक कहानियाँ हैं, जिनमें हिन्दी कहानी साहित्य के बीज अंकुरित होते हुए दिखाई देते हैं। सरस्वती, इन्दु आदि पत्रिका की क्रोड में यह अंकुर धीरे-धीरे विकसित होता रहा है। सन् 1900 में 'सरस्वती' पत्रिका का प्रकाशन आरम्भ हुआ। इसमें गोस्वामी किशोरीलाल, भगवानदास, रामचन्द्र शुक्ल, गिरिजादत्त वाजपेयी, बंग महिला, वृन्दावनलाल वर्मा आदि की कहानियाँ प्रकाशित हुईं। सन् 1909 में 'इन्दु' का प्रकाशन आरम्भ हुआ। इसमें जयशंकर प्रसाद की भावात्मक कहानियाँ प्रकाशित हुईं। प्रेमचन्द भी उर्दू को छोड़कर हिन्दी में लिखने लगे और 'सरस्वती' में उनकी कहानियाँ प्रकाशित होने लगीं। वस्तुतः हिन्दी कहानी का ठोस आरम्भ प्रसाद और प्रेमचन्द के आगमन से ही माना जाना चाहिए। इसके पूर्व 'सरस्वती' में प्रकाशित जिन कहानीकारों की रचनाएँ प्राप्त होती हैं, उनमें से कुछ अन्य भाषी रचनाओं के रूपान्तर हैं और कुछ निबन्ध। अतः कहा जा सकता है कि सन् 1900 से 1912 तक के कालखण्ड में कहानी के जन्म की प्रक्रिया रही है और उसके बाद उसकी प्रतिष्ठा की। सन् 1912 से 1918-20 तक कहानी एक स्वतन्त्र विधा के रूप में प्रतिष्ठित हुई। इस दरमियान दो नितान्त भिन्न शैलियों का प्रणयन और परिष्करण हो रहा था। प्रेमचन्द की वास्तविक घटनाओं और समस्याओं को लेकर आदर्श की प्रतिष्ठा कर रहे थे। दूसरी ओर प्रसाद मनुष्य के भीतरी भावद्वन्द्व को काव्यमयी अलंकृत भाषा में व्यक्त कर रहे थे। कुछ आलोचकों का कहना है कि

इन दो कथा-रूपों के आधार पर हिन्दी कहानी के दो स्कूल निर्मित हुए—प्रेमचन्द स्कूल और प्रसाद स्कूल। आज तक का कहानी साहित्य इन्हीं दो कथा-रूपों में विकसित हुआ है। प्रेमचन्द की परम्परा का निर्वहन करने वाले कहानीकारों में सुदर्शन, विश्वम्भरनाथ शर्मा कौशिक, वृन्दावनलाल वर्मा, चतुरसेन शास्त्री, ज्वालादत्त शर्मा, जहूरबक्श, उषादेवी मिश्रा तथा चन्द्रधर शर्मा गुलेरी विशेष उल्लेखनीय हैं।

प्रसाद के रुमानी दृष्टिकोण को अपनाने वाले कहानीकारों की संख्या अपेक्षाकृत कम है, जिनमें विनोद शंकर व्यास, चंडीप्रसाद, हृदयेश, राधाकृष्णदास, राधिकारमण प्रसाद सिंह आदि चर्चित कहानीकार हैं। इन दो धाराओं से अलग अपनी विशिष्ट पहचान स्थापित करने वाले कहानीकारों के रूप में बेचन शर्मा 'उग्र', जैनेन्द्र तथा अज्ञेय का नाम प्रमुख रहा है। उग्र अपनी विशिष्ट और बेबाक शैली के कारण चर्चित रहे, जैनेन्द्र अपने शिल्प के प्रति एक प्रकार की लापरवाही के लिए तथा अज्ञेय अपने शिल्प के प्रति अत्यधिक सचेतता के रूप में अपना पृथकत्व साबित करते रहे। जैनेन्द्र-अज्ञेय की व्यक्तिवादी तथा मनोवैज्ञानिक कथादृष्टि के साथ भगवती प्रसाद बाजपेयी, द्विजेन्द्रनाथ मिश्र, रामप्रसाद घिल्डियाल 'पहाड़ी' आदि भी जुड़ते दिखाई देते हैं। मनोवैज्ञानिक सिद्धान्तों को कहानी का जामा पहनाने के प्रयास में इलाचन्द जोशी सक्रिय रहे हैं।

प्रगतिवादी दौर में प्रेमचन्द की परवर्ती कथादृष्टि का विकास देखा जा सकता है। इस समय दो तरह की कहानियाँ लिखी गयीं—एक, मार्क्सवादी विचारधारा से प्रत्यक्ष प्रभावित कहानियाँ, दो, समाज-जीवन का यथार्थ चित्रण करने वाली कहानियाँ जो प्रत्यक्ष रूप से मार्क्सवादी विचारों को अपनाती नहीं, परन्तु अप्रत्यक्ष प्रभाव ग्रहण करती हैं। प्रथम वर्ग में यशपाल, रांगेयराघव, राहुल सांकृत्यायन, अमृतराय आदि की कहानियाँ आ जाती हैं तथा दूसरे वर्ग में उपेन्द्रनाथ अश्क, अमृतलाल नागर, चन्द्रगुप्त विद्यालंकार, भगवतीचरण वर्मा, विष्णु प्रभाकर आदि की कहानियाँ आ जाती हैं।

वस्तुतः हिन्दी कहानी में रूपात्मक वैविध्य स्वातन्त्र्योत्तर काल में बहुत अधिक आया। कहानी के रूप को लेकर जितने प्रयोग स्वातन्त्र्योत्तर काल में किये गये उतने पहले कभी नहीं किये गये। छठे दशक के प्रारम्भ में कहानी साहित्यिक चर्चा-परिचर्चा का केन्द्रीय विषय बन गयी। मोहन राकेश, कमलेश्वर, राजेन्द्र यादव, निर्मल वर्मा, रेणु, मन्नू भंडारी, अमरकान्त आदि के नाम नयी कहानी आन्दोलक के रूप में चर्चित रहे।

सन् 1950-60 के दौरान नयी कहानी आन्दोलन अपनी उफान पर रहा। विभिन्न पत्र-पत्रिकाओं जैसे—कहानी, कल्पना, धर्मयुग, ज्ञानोदय, निकष, लहर आदि ने एवं समय-समय पर आयोजित कथा गोष्ठियों ने 'नयी कहानी' को गति

प्रदान की। नयी कहानी के बाद आन्दोलनों की बाढ़-सी आयी। अकहानी, सचेतन कहानी, साठोत्तर कहानी, पैसठोत्तर कहानी, सहज कहानी आदि इन विभिन्न आन्दोलनों में कई स्थापित तथा नवोदित कथाकारों ने कथा साहित्य को वैविध्य प्रदान किया है। जैसे अकहानी आन्दोलन में रवीन्द्र कालिया, दूधनाथ सिंह, महीप सिंह, ममता कालिया, बलदेव बंशी, समान्तर कहानी में कमलेश्वर, से.रा. यात्री, कामतानाथ, जितेन्द्र भाटिया, सुधा अरोड़ा, मिथिलेश्वर, आशीष सिन्हा, भीष्म साहनी, सक्रिय कहानी में रेणु, नागार्जुन, राकेश वत्स, धीरेन्द्र अस्थाना, अब्दुल बिस्मिलाह, जनवादी-साठोत्तरी में काशीनाथ सिंह, रामदरश मिश्र, गिरिराज किशोर, हिमांशु जोशी, मधुकर सिंह, राकेश वत्स आदि।

बीसवीं सदी के अन्तिम दशक तथा इक्कीसवीं सदी के प्रथम दशक में साहित्य के क्षेत्र में विमर्श का बोलबाला रहा है। वैश्वीकरण, निजीकरण, और उदात्तीकरण के नाम पर 'बाजारीकरण' का दौर आरम्भ हुआ और एक नयी सभ्यता का प्रसार। अन्य विधाओं की भाँति कहानी साहित्य ने भी इस नयी चुनौती को स्वीकार किया है। उत्तर आधुनिक समाज में स्त्री, दलित, आदिवासी अल्पसंख्यक विमर्श की कहानियाँ लिखी जा रही हैं। स्त्री और दलित कहानी बहुत पहले से लिखी जा रही थी। स्त्री कहानीकारों में कृष्णासोबती, उषा प्रियंवदा, मन्नू भंडारी, मृदुला गर्ग, राजी सेठ, सूर्यबाला, नासिरा शर्मा, मालती जोशी, शशी प्रभा शास्त्री, नमिता सिंह, मैत्रेयी पुष्पा, आदि कई महिला रचनाकार सक्रिय हैं। दलित कहानीकारों में ओमप्रकाश बाल्मीकि, मोहनदास नैमिशराय, सूरजपाल चौहान, रमणिका गुप्ता, कालीचरण प्रेमी, रतन वर्मा, भवानीसह, कर्मशील भारती, मुद्राराक्षस आदि चर्चित कथाकार हैं।

कुल मिलाकर हिन्दी कहानी आज अपनी विविधता और समग्रता में विकास और प्रौढ़ता के शिखर पर पहुँच चुकी है। प्रस्तुत संकलन में हिन्दी कहानी के सौ से भी अधिक वर्षों की सुदीर्घ यात्रा को प्रातिनिधिक रूप में प्रस्तुत करने का प्रयास है। डॉ. बाबासाहेब आंबेडकर मराठवाडा विश्वविद्यालय के पाठ्य समिति के सहयोग से यह संकलन सम्पादित किया गया है। विश्वास है कि शैक्षिक क्षेत्र में यह संकलन लाभप्रद साबित होगा।

– डॉ. माधव सोनटक्के
प्रोफेसर एवं अध्यक्ष, हिन्दी विभाग
डॉ. बाबा साहेब आम्बेडकर
मराठवाडा विश्वविद्यालय, औरंगाबाद

अनुक्रम

जमींदार का दृष्टान्त

– रैवरेंड जे. न्यूटन

हे प्रिय भाइयो! एक जमींदार था, जिसकी धरती को बहुत किसानों ने उगाही पर जोता और जब उगाही लेने का ठीक समय आ पहुँचा तब उसने अपने सेवकों के हाथ अपनी सब असामियों को दृढ़ता से कहला भेजा कि तुम सब अपनी-अपनी उगाही लेके अमुक दिन हमारे पास उपस्थित हो परन्तु उन्होंने निश्चित और निर्भय होके आज्ञा उल्लंघन किई। और जब किसी जोता ने ठहराये हुए समय पर उगाही न दिई तब उस जमींदार ने अपने सेवकों से कहा कि उगाही न देने का क्या कारण है। मैं जानता हूँ कि यह लोग मुझे ठगा चाहते हैं पर देखा जायेगा तो कल सवेरे हर एक गाँव के पटवारी को बुलाओ।

ऐसी आज्ञा पाय सेवकों ने उन्हें बुला के स्वामी के सन्मुख किया। स्वामी उन्हें देखते ही अति क्रोध में कहने लगा कि यह तुमने क्या किया। क्या, तुम मुझे दूध पीता बच्चा जानते हो जिसके साथ जो चाहो सो करो। अब तुम्हारे गाँव के लोग हमारी उगाही क्यों नहीं देते हैं। सुनते ही वे बनावट से भाँति-भाँति की बातें कहने लगे पर जमींदार ने उनकी न सुनी और कहा कि किसानों को कह दो कि मैं उनके लिए एक महीने लों और विलम्ब करूँगा। जो कोई इस बीच में अपनी उगाही न देवे तो मैं उसके बैलों को छीन लूँगा और घर भी गिरा दूँगा। इस बात के सुनने से किसानों के मध्य में अत्यन्त घबराहट हुई परन्तु उनमें से कई एक ने स्वामी की आज्ञाओं को ठट्टों में उड़ाया और कहा, "बोल बड़ा पर बल कहाँ। गाल फटाकी मारने से क्या होता है, वह जो चाहे सो करे पर हमसे एक कौड़ी न पावेगा।" कितने और उनमें से डरने लगे कि कदाचित स्वामी और भी क्रोधित हो जाये और हमारी हानि करे। इसी चिन्ता के मारे वे रुपैया उधार लेने के लिए घर-घर फिरने लगे या जिनके पास अपनी उगाही का रुपया भरने को न था तिनके पास कर्ज देने को कहाँ से आवे। तो उनको कहीं कुछ भी न मिलता।

और उनमें बहुत ऐसे किसान भी थे जिन्होंने अपने अन्तःकरणों में यह विचार किया कि जमींदार की अति प्रशंसा करके उसके क्रोध को शान्त करना योग्य है, सो हम सब उसके यहाँ जाके जब लों वह दया करके हमको क्षमा न करे एक मन हो

मनोहर बानी से उसकी बिनती और स्तुति करते रहेंगे। इस विचार के अनुसार जमींदार के घर पर बड़ी भीड़ इकट्ठी हुई और सब पुकारने लगे कि श्रीमान महाराजाधिराज! दयासागर! धर्मावतार! दीन और अनाथों के रक्षक! श्रीयुत बाबू रामदयाल! आप हमारे माता-पिता हैं। अपने दासों पर दया कीजिए।

जब वह उस धूम-धाम को सुनकर बाहर आया कि देखूँ क्या तमाशा हो रहा है तो किसानों ने और भी हुल्लड़ मचाके मीठे मनभावन बचन कहने लगे पर उसने उनका मतलब समझकर कहा, क्या मीठे बचनों से शरबत कभी बनता है जैसा तुम समझते हो कि फुसलाने की बातों से तुम्हारा ऋण क्षमा होगा। यह तुम्हारी बड़ी भूल है, तुम्हारी यह लल्लो पत्तो हमारी सभा में नहीं चलेगी, मैं तो सोना-चाँदी को इनसे अधिक चाहता हूँ। और ने दूसरी भाँति का उपाय निकाला। मिट्टी की बहुत-सी छोटी मूरतें बनाके और जमींदार के द्वार पर रखके एक-एक मनुष्य ने एक-एक मूरत आगे मिट्टी के पात्रों में अक्षत, फल-फूल, एकत्र कर के लाये और अपनी-अपनी मूरतों पर चढ़ाके उनकी दंडवत किई और यों बिनती कर कहने लगे कि तू ही हमारा जमींदार स्वामी है।

तब जमींदार भीतर से यह पूजा देख आया और उनसे कहा, भला मैं इसका तात्पर्य भली-भाँति समझा। तुम यह समझते हो कि मेरी प्रतिष्ठा और मेरा नाम इन मूरतों को देके उनको दान-हवन चढ़ाके तुम मुझको प्रसन्न करना चाहते हो कि अपनी उगाही के देने से बच जाओ। वाह, क्या टिटीहरी से आकाश थाम्भा जायेगा। मुझे धोखा देना क्या ऐसा सहज है। तुम ऐसे मिथ्या बहाने से कभी न छूटोगे। मेरी उगाही जल्द मुझे दो तो तुमको कुशल होगा, इन मूरतों की पूजा करने से जिन्हें तुमने मेरे आकार में स्थापित किई, क्या काम होगा। इन लोगों का यह उपाय भी निष्फल हुआ। ये किसानों में कई एक थे जो अपने को जमींदार के जान-पहिचान और परममित्र समझते थे जब उन्होंने देखा कि पहिलों में से किसी का अर्थ सिद्ध न हुआ तो खंग बाँधके स्वामी के पास आये और कहने लगे, हे ठाकुर जी जो आपकी आज्ञा पावें तो हम आपके रुपयों के बटोरने में आपकी सहायता करें। उसने पूछा कैसी सहायता करोगे। उन्होंने उत्तर दिया कि हे जगत आश्रय, जो आज्ञा हो तो आपके गाँव में जाके हम हर एक का जो आपकी प्रभुता को न माने, सिर काट डालें। उसने कहा हे बच्चों, क्या मुझे आदर से काम, कि उगाही से काम है। क्या तुम समझते हो कि मेरी एक बात का स्वीकार कराना और रुपैया उनसे लेना एक ही बात है। नहीं। घात करना तो अत्यन्त अयोग्य है और उगाही का रुपैया निकालना तो बहुत उचित है। भला जो तुम कुछ रोकड़ देते तो कुछ अर्थ भी निकलता पर वृथा बातों के बनाने से क्या लाभ है। और यह बात भी मेरी समझ में नहीं आती कि जब तुम मेरे ऋणियों को मार डालो तो कर कौन देगा। मरा हुआ बैल घास नहीं खाता। जो तुम अपनी इच्छा के समान करने आओ तो फिर मैं अपनी जमींदारी को कैसे बसाऊँ।

जब मैं एक बार इस रीति से सबों का वध करूँ तो पीछे मेरी प्रजा होने का कौन अभिलाषी होगा। यह बात तो अनहोनी है। मैं तो मूर्ख नहीं हूँ। जब मेरी गाय दूध को दुहने नहीं देती है तो उसको रोगी समझ मैं मार नहीं डालता पर उसकी औषधि करता हूँ जो मार डालूँ तो दूध कहाँ से आवे। फिर एक बात तुम ही से पूछता हूँ क्या तुम लोग अपना कर दे चुके? यह प्रश्न सुनकर वह निपट व्याकुल हुए और बड़बड़ाने लगे, क्योंकि वे नहीं जानते थे कि जमींदार हमसे भी कुछ माँगेगा। तब जमींदार ने कहा कि जाओ पहले जो कुछ मेरा है सो मुझे दो फिर जो तुम्हारी सहायता अवश्य होवे तो बुला लिए जाओगे। निदान उस महीने की छुट्टी में से बीस दिन व्यतीत हुए पर उन्होंने रुपये न पहुँचाये, बीस दिन के पीछे एक बड़ा महाजन जो जमींदार का बड़ा मित्र था, उसकी भेंट करने को आया, उन किसानों का सारा वृतान्त उससे वर्णन किया गया तब वह दयावन्त हो उन लोगों से बातचीत करने को औसर ढूँढ़ता था जिसतें विचार करे कि क्या निश्चिन्तता के कारण या दरिद्रता के कारण वे रुपैये नहीं देते हैं फिर उसने उनके खेतों की परीक्षा से जाना कि उन्होंने विवाह, बारात और नाच तमाशे में अपना सब रुपैया उड़ा दिया। तब उनकी दुर्गति पर दया करके उसने यह अपने मन में विचारा कि मेरे पास बहुत धन-सम्पत्ति है, क्या मैं इनके क्लेश को दूर न करूँ। तब उसने ढिंढोरा पिटवाया कि हर एक मनुष्य को जितने रुपैये जमींदार को देने हों सो दो दिन में मुझसे माँगे तो मैं उनको रुपैया देकर जमींदार से उनका उद्धार कराऊँगा और उनसे फिर रुपैया कभी न लूँगा। यह संदेशा पाय उनके मन में भाँति-भाँति के बिचार उठे। अर्थात् जितने जमींदार के अधिकार को अस्वीकार करते थे परस्पर कहने लगे कि जो कोई उस महाजन से रुपैया लेकर जमींदार को देगा सो उसकी प्रभुता को स्वीकार करके सर्वदा उसके अधीन रहेगा। इसलिए हम कभी रुपैया न लेंगे।

और लोग यह कहते थे कि यह बात सत्य है कि बाबू साहिब रुपैया को बखशिश में देने को कहता पर क्या जाने इसमें कुछ धोखा हो जब हमने रुपये लिए तो उसके दास बने फिर छूटें कैसे। इसलिए हम उनके पास न जायेंगे। उनमें से और लोग इस रीति से कहने लगे कि वाह जमींदार ने क्या ही अच्छा उपाय निकाला। जब बाबू साहिब इस छल से हमको अपने घर इकट्ठा करे तब दोनों मिलके हमें कोठरी में बन्द करेंगे और बड़ी मार मारेंगे। क्या हम ऐसे फन्दे में जानबूझ के पाँव डालें। फिर और भी किसान थे जो दरिद्री और निर्बल हो उस महाजन के पास जाने की इच्छा करते थे। ये कहते थे कि ऐसी बिपत्ति के दूर करने के लिए यत्न करने का प्रयोजन तो है। दो दिन अर्थात् कल और परसों का समाचार हुआ जिसमें जो आवे उसको रुपैये मिलेंगे। भला हम कल नहीं जा सकते हैं इसलिए कि बाजार को जाना है और लौटते समय साँझ हो जायेगी। परसों हम सब मिलके निश्चय आयेंगे। इस बचन के समान जब ठहराया हुआ समय पहुँचा तब उन्होंने स्नान कर, भोजन

खाय चलने की तैयारी किई, पर क्या देखते हैं कि एक मनुष्य उनके साथियों में का अब लों पीछे रह गया है। उसके पड़ोसी बड़ी विलम्ब करके उसकी बाट जोहते रहे पर जब उसके आने की आशा न रही तब कहने लगे कि आओ उसके घर चलके देखें वह क्या करता है। तब उसके घर आये और बिलम्ब का कारण जान लिया कि उसके चार सम्बन्धी दूर से सवेरे आये हैं और वह अबलों उन्हें भोजन करा रहा था। उसने अपने पड़ोसियों को आते देखकर पुकारा कि आओ तुम भी शीघ्र आके रसोई में बैठ जाओ, मैं तुमको भी तरकारी-भात खिलाऊँगा। वे बोले कि भाई देरी बहुत हुई और दूर जाना है तुम इनको छोड़ के जल्द हमारे संग चलो हम तो भोजन कर आये हैं और खाने का क्या प्रयोजन है। पर घरवालों ने न माना और उन्हें भीतर लाके जेवनार के स्थान में बैठाया और हर एक के सम्मुख केले के पत्तों पर परोसा और भोजन करवाने में बहुत-सा शिष्टाचार किया। निदान उन्होंने भोजन करके हुक्का पिया इतने में एक पहर दिन रह गया। तब धनवान के घर चले परन्तु मार्ग में उनको एक बरात मिली जिसमें मनुष्य और बालकों की बड़ी भीड़ थी। उनके पीछे खिलौना और फूलों की टट्टी और बरात की सामग्री कहार लिए जाते थे। ढोल-तासे, तुरही, संख और नक्कारे बजाते थे। इस उत्साह के देखने से सब लोग जान गये कि किसी की बरात जाती है। किसान यह तमाशा देख परस्पर कहने लगे कि आज भाई इस बरात की सोभा देखें और जो हमारे कार्य में कुछ बिलम्ब भी होवे तो क्या चिन्ता। तब वे बरात के संग होके उसकी सोभा देखके और बाजों की धुनि सुनके अचेतना में पड़ गये। अब बहुत समय बीत गया और साँझ होने लगी तब अपने कार्य की सुध लेकर वे उस महाजन के घर को दौड़े। पहर रात गयी उन्होंने वहाँ पहुँचकर द्वार को बन्द पाया फिर वे झगड़ने और एक-दूसरे की निन्दा करने लगे कि तुमने मुझे काहे को रोका, तुमने मुझे क्यों बहकाया। पर उनका कुड़कुड़ाना सर्वथा व्यर्थ था क्योंकि अवसर बीत गया था। खाली हाथ और उदास रूप में लज्जित होके वे अपने गाँव को लोटै। और उनमें से जिन पर यह समाचार पहुँचा था अर्थात् कि बाबू साहिब आप हमारे ऋण को भर देंगे कई एक इस बात को हृदय में सत्य जानते थे उसके अनुग्रह और मित्रता के विषय में कुछ भी सन्देह न करते थे। उनकी उससे भेंट भी हुई थी और वे उसकी बातचीत से जानते थे कि वह कोमल, दयालु, मिलनसार और हितकारी और अपने बचन का अटल पुरुष है जिससे गरीब लोग धोखा कभी न पावेंगे। वे बोले, आओ हम अभी उसके पास चलें क्योंकि वहाँ जाने से बड़ा लाभ होगा। उनका यह बचन सुनके उनके भाईबन्द और पड़ोसियों ने विवाद करके कहा और बड़ी प्रीति करके समझाया कि जो उसके पास जाओगे और उसकी बखशिश लेओगे तो हम तुमको जात-बिरादरी से खारिज करेंगे और तुम्हारे संग कोई भोजन नहीं खायेगा, न हुक्का पीवेगा, न किसी काम में तुम्हारी सहायता के लिए हाथ लगावेगा और न कोई अपने कुएँ से जल भरने देगा और न हम किसी रीति से तुमको

भाई कहेंगे। ऐसी दृढ़ धमकी पाके जितने किसानों में कायर थे अथवा धन के लोभी जाति कुल के अभिमान में गृहस्थ थे सो भय के मारे अपने मन में धुकड़-पुकड़ करके कहने लगे कि जो हम जाति-पाँति और अपने भाइयों से निकाले जायँ तो हमारी बड़ी व्याकुलता और दुर्दशा होगी तो हम नहीं जायेंगे। और कितने थे जो अपने मनोरथ पर स्थिर रहे वे निश्चय जानते थे कि बाबू साहिब ऐसा धनवान और बलवन्त है कि यह हमको हमारी सारी विपतों से बचा सकता है और ऐसा धर्ममय और सत्यवादी है कि अपने बचन को कभी अस्वीकार न करेगा। यों विचार कर वे सवेरे उसके घर को गये और उसने उनका आदर-सम्मान कर, अति प्रेम कर उनकी कुशल-क्षेम पूछी और प्रश्न किया कि उन्हें कितने रुपैये अपने ऋण के भर देने को चाहिए। जितने बतलाये उतने रुपये एक-एक को तुरन्त दिये गये। फिर महाजन ने उनसे यह भी पूछा, क्या तुम और किसी को जानते हो जो अपनी सहायता के लिए आवेगा? वे बोले, सब-के-सब नाना प्रकार के बहाने करते हैं, इसलिए कोई आपके पास नहीं आता है, सब अपनी जाति-बिरादरी की धमकियों से भय खाते हैं हम भी आपके पास आने के कारण अपने घर-बार, सम्बन्धियों और जाति-पाँति, कुल-कुटुम्ब से निकाले जायेंगे। यह वचन सुन बाबू ने उन्हें ढाँढस देकर कहा, मत डरो जो किसी रीति से तुमको दुःख वा क्लेश हो तो मेरे पास अईयो और मैं तुम्हारी सहायता करूँगा। निदान वे आनन्द हो अपने-अपने घर लौट गये और वही रुपैया लेकर अपने कर्ज को भर दिया और तब उद्धार पाया। जब कभी विपत्ति अथवा दुःख का क्लेश उन्हें होता वे बाबू साहिब के पास जाते और उसकी ही सहायता और उपकार से वे आनन्द और सुख में रहने लगे। जब बिलम्ब के अर्थात् किस्त लेने का समय बीत गया तब जितने भड़ैत या किसान रुपैये नहीं बेबाक कर सकते थे सो सब पकड़े गये और उन्होंने बहुत मार खायी और बन्दीगृह में डाले गये और वहाँ पड़े बहुत दिन लों अपनी मूर्खता के कारण पछताते रहे। परन्तु जिनका भरोसा उस दयासागर बाबू के बचन पर था सो अपने कर्ज की रसीद वा भरपायी की चिट्ठी लेके इस भारी दंड से बच गये। उस समय वे अपने-अपने काम-काज में मन लगा, परिश्रम कर आनन्द हो सुख-चैन सदा पाते रहे।

एक टोकरी भर मिट्टी

– माधवराव सप्रे

किसी श्रीमान जमींदार के महल के पास एक गरीब अनाथ विधवा की झोंपड़ी थी। जमींदार साहब को अपने महल का हाता उस झोंपड़ी तक बढ़ाने की इच्छा हुई। विधवा से बहुतेरा कहा कि वह अपनी झोंपड़ी हटा ले। पर वह तो कई जमाने से वहीं बसी थी। उसका पति और इकलौता पुत्र भी उसी झोंपड़ी में मर गया था। पतोहू भी एक पाँच बरस की कन्या को छोड़कर चल बसी थी। अब यही उसकी पोती इस वृद्धाकाल में एकमात्र आधार थी। जब कभी उसे अपनी पूर्वस्थिति की याद आ जाती तो मारे दुःख के फूट-फूटकर रोने लगती थी। और जब से उसने अपने श्रीमान पड़ोसी की इच्छा का हाल सुना तब से वह मृतप्राय ही गयी थी। उस झोंपड़ी में उसका मन लग गया था कि बिना मरे वहाँ से वह निकलना ही नहीं चाहती थी। श्रीमान के सब प्रयत्न निष्फल हुए। तब वे जमींदारी चाल चलने लगे। बाल की खाल निकालने वाले वकीलों की थैली गरम कर उन्होंने अदालत से झोंपड़ी पर अपना कब्जा कर लिया और विधवा को वहाँ से निकाल दिया। बिचारी अनाथ तो थी ही। पास-पड़ोस में कहीं जाकर रहने लगी।

एक दिन श्रीमान उस झोंपड़ी के आसपास टहल रहे थे और लोगों को काम बतला रहे थे। फिर इतने में वह विधवा हाथ में एक टोकरी लेकर वहाँ पहुँची। श्रीमान ने उसको देखते ही अपने नौकरों से कहा कि उसे यहाँ से हटा दो। पर वह गिड़गिड़ाकर बोली कि "महाराज अब तो यह झोंपड़ी तुम्हारी हो गयी है। मैं उसे लेने नहीं आयी हूँ। महाराज क्षमा करें तो एक विनती है," जमींदार साहब के सिर हिलाने पर उसने कहा कि "जब से यह झोंपड़ी छूटी है तब से मेरी पोती ने खाना-पीना छोड़ दिया है। मैंने बहुत-कुछ समझाया पर वह एक नहीं मानती। यही कहा करती है कि अपने घर चल, टोकरी भर मिट्टी लेकर उसी का चूल्हा बनाकर रोटी पकाऊँगी। इससे भरोसा है कि वह रोटी खाने लगेगी। महाराज, कृपा करके आज्ञा दीजिए तो इस टोकरी में मिट्टी ले जाऊँ।" श्रीमान ने आज्ञा दे दी।

विधवा झोंपड़ी के भीतर गयी। वहाँ जाते ही उसे पुरानी बातों का स्मरण हुआ और उसकी आँखों से आँसू की धारा बहने लगी। अपने आन्तरिक दुःख को किसी

तरह सँभालकर उसने अपनी टोकरी मिट्टी से भर ली और हाथ से उठाकर बाहर ले आयी। फिर हाथ जोड़कर श्रीमान से प्रार्थना करने लगी कि 'महाराज' कृपा करके इस टोकरी को जरा हाथ लगाइए जिससे कि मैं उसे अपने सिर पर धर लूँ। जमींदार साहब पहले तो बहुत नाराज हुए, पर जब वह बार-बार हाथ जोड़ने लगी और पैरों पर गिरने लगी तो उनके भी मन में कुछ दया आ गयी। किसी नौकर से न कहकर आप ही स्वयं टोकरी उठाने को आगे बढ़े। ज्योंही टोकरी को हाथ लगाकर ऊपर उठाने लगे त्योंही देखा कि यह काम उनकी शक्ति के बाहर है। फिर तो उन्होंने अपनी सब ताकत लगाकर टोकरी को उठाना चाहा, पर जिस स्थान पर टोकरी रखी थी वहाँ से वह एक हाथ भी ऊँची न हुई। वह लज्जित होकर कहने लगे कि "नहीं, यह टोकरी हमसे न उठायी जावेगी।"

यह सुनकर विधवा ने कहा, "महाराज नाराज न हों, आप से तो एक टोकरी भर मिट्टी नहीं उठायी जाती और इस झोंपड़ी में तो हजारों टोकरियाँ मिट्टी पड़ी है। उसका भार आप जन्म भर क्यों कर उठा सकेंगे? आप ही इस बात पर विचार कीजिए।"

जमींदार साहब धन-मद से गर्वित हो अपना कर्तव्य भूल गये थे पर विधवा के उपर्युक्त वचन सुनते ही उनकी आँखें खुल गयीं। कृतकर्म का पश्चात्ताप कर उन्होंने विधवा से क्षमा माँगी और उसकी झोंपड़ी वापस दे दी।

उसने कहा था

– चन्द्रधर शर्मा 'गुलेरी'

बड़े-बड़े शहरों के एक्के गाड़ी वालों की जबान के कोड़ों से जिनकी पीठ छिल गयी है, और कान पक गये हैं, उनसे हमारी प्रार्थना है कि अमृतसर के बम्बूकार्ट वालों की बोली का मरहम लगावें। जब बड़े-बड़े शहरों की चौड़ी सड़कों पर घोड़े की पीठ को चाबुक से धुनते हुए, एक्के वाले कभी घोड़े की नानी से अपना निकट सम्बन्ध स्थिर करते हैं, कभी राह चलते पैदलों की आँखों के न होने पर तरस खाते हैं, कभी उनके पैरों की अँगुलियों के पोरों को चीथकर अपने ही को सताया हुआ बताते हैं, और संसार भर की ग्लानि, निराशा और क्षोभ के अवतार बने, नाक-की सीध चले जाते हैं, तब अमृतसर में उनकी बिरादरीवाले तंग चक्करदार गलियों में हर एक लड्ढी वाले के लिए ठहरकर, सब्र का समुद्र उमड़ाकर 'बचो खालसाजी।' 'हटो भाईजी।' 'ठहरना भाई।' 'आने दो लालाजी।' 'हटो वाछा।'—कहते हुए सफेद फेंटों, खच्चरों और बत्तखों, और गन्ने-खोमचे और भारे वालों के जंगल में से राह खेते हैं। क्या मजाल है, कि 'जी' और 'साहब' बिना सुने किसी को हटना पड़े। यह बात नहीं कि उनकी जीभ चलती ही नहीं है, पर मीठी छुरी की तरह महीन मार करती हुई। यदि कोई बुढ़िया बार-बार चितौनीं देने पर भी लीक से नहीं हटती, तो उनकी वचनावली के नमूने हैं—हट जा जीणें जोगिए; हट जा करमावालिए, हट जा पुत्ताँ प्यारिए; बच जा लम्बी उमराँवालिए। समष्टि में इनके अर्थ हैं, कि तू जीने योग्य है, तू भाग्योंवाली है, पुत्रों को प्यारी है, लम्बी उमर तरे सामने है तू क्यों मेरे पहिए के नीचे आना चाहती है?—बच जा।

ऐसे बम्बूकार्ट वालों के बीच में होकर एक लड़का और एक लड़की चौक की एक दुकान पर आ मिले। उसके बालों और इसके ढीले सुथने से जान पड़ता था कि दोनों सिक्ख हैं। वह अपने मामा के केश धोने के लिए दही लेने आया था और यह रसोई के लिए बड़ियाँ। दुकानदार एक परदेसी से गुँथ रहा था, जो सेर-भर गीले पापड़ों की गड्डी को गिने बिना हटता न था।

"तेरे घर कहाँ है?"

"मगरे में—और तेरे?"

"माँझे में—यहाँ कहाँ रहती है?"

"अतरसिंह की बैठक में; वे मेरे मामा हैं।"

"मैं भी मामा के यहाँ आया हूँ, उनका घर गुरु बाजार में है।"

इतने में दुकानदार निबटा, और इनको सौदा देने लगा। सौदा लेकर दोनों साथ-साथ चले। कुछ दूर जाकर लड़के ने मुस्कराकर पूछा—"तेरी कुड़माई[1] हो गयी।" इस पर लड़की कुछ आँखें चढ़ाकर 'धत्' कहकर दौड़ गयी, लड़का मुँह देखता रह गया। दूसरे-तीसरे दिन सब्जीवाले के यहाँ, दूधवाले के यहाँ अकस्मात् दोनों मिल जाते। महीना-भर यही हाल रहा। दो-तीन बार लड़के ने फिर पूछा—"तेरी कुड़माई हो गयी?" और उत्तर में वही 'धत्' मिला। एक दिन जब फिर लड़के ने वैसे ही हँसी में चिढ़ाने के लिए पूछा तो लड़की, लड़के की सम्भावना के विरुद्ध बोली—"हाँ, हो गयी।"

"कब?"

"कल, देखते नहीं, यह रेशम से कढ़ा हुआ 'सालू'[1]"।

लड़की भाग गयी। लड़के ने घर की राह ली। रास्ते में एक लड़के को मोरी में ढकेल दिया, एक छाबड़ी वाले की दिन-भर की कमाई खोयी, एक कुत्ते पर पत्थर मारा और एक गोभीवाले के ठेले में दूध उड़ेल दिया। सामने नहाकर आती हुई किसी वैष्णवी से टकराकर अन्धे की उपाधि पायी। तब कहीं घर पहुँचा।

2

"राम-राम, यह भी कोई लड़ाई है। दिन-रात खन्दकों में बैठे हड्डियाँ अकड़ गयीं। लुधियाना से दस-गुना जाड़ा और मेह, और बर्फ ऊपर से। पिंडलियों तक कीचड़ में धँसे हुए हैं। गनीम कहीं दिखता नहीं, घंटे-दो-घंटे में कान के परदे फाड़नेवाले धमाके के साथ सारी खन्दक हिल जाती है और सौ-सौ गज धरती उछल पड़ती है। इस दैवी गोले से बचे तो कोई लड़े। नगरकोट का जलजला सुना था, यहाँ दिन में पच्चीस जलजले होते हैं। जो कहीं खन्दक से बाहर साफा या कुहनी निकल गयी, तो चटाक से गोली लगती है। न मालूम बेईमान मिट्टी में लेटे हुए हैं या घास की पत्तियों में छिपे रहते हैं।"

"लहना सिंह, और तीन दिन है। चार तो खन्दक में बिता ही दिये। परसों 'रिलीफ' आ जायगी, और फिर सात दिन की छुट्टी। अपने हाथों झटका[3] करेंगे, और पेट-भर खाकर सो रहेंगे। उसी फिरंगी[4] मेम के बाग में—

---

1. मँगनी।
2. ओढ़नी।
3. बकरा मारना।
4. फ्रेंच।

मखमल की-सी हरी घास है। फल और दूध की वर्षा कर देती है। लाख कहते हैं, दाम नहीं लेती। कहती है—तुम राजा हो, मेरे मुल्क को बचाने आये हो।"

"चार दिन तक पलक नहीं झँपी। बिना फेरे घोड़ा बिगड़ता है और बिना लड़े सिपाही। मुझे तो संगीन चढ़ाकर मार्च का हुक्म मिल जाये। फिर सात जर्मनों को अकेला मारकर न लौटूँ तों मुझे दरबार साहब की देहली पर मत्था टेकना नसीब न हो। पाजी कहीं के, कलों के घोड़े—संगीन देखते ही मुँह फाड़ देते हैं, और पैर पकड़ने लगते हैं यों अँधेरे में तीस-तीस मन का गोला फेंकते हैं। उस दिन धावा किया था—चार मील तक एक जर्मन नहीं छोड़ा था। पीछे जनरल साहब ने हट आने का कमान दिया, नहीं तो......."

"नहीं तो सीधे बर्लिन पहुँच जाते। क्यों?"—सूबेदार हजारासिंह ने मुस्कराकर कहा, "लड़ाई के मामले जमादार या नायक के चलाये नहीं चलते। बड़े अफसर दूर की सोचते हैं। तीन सौ मील का सामना है। एक तरफ बढ़ गये तो क्या होगा?"

"सूबेदार जी, सच है"—लहना सिंह बोला, "पर करें क्या? हड्डियों-हड्डियों में तो जाड़ा धँस गया है। सूर्य निकलता नहीं और खाई में दोनों तरफ से चम्बे की बावलियों के-से सोते झर रहे हैं। एक धावा हो जाए, तो गरमी आ जाए।"

"उदमी[1] उठ, सिगड़ी में कोले डाल। वजीरा, तुम चार जने बाल्टियाँ लेकर खाई का पानी बाहर फेंको। महासिंह, शाम हो गयी है, खाई के दरवाजे का पहरा बदला दे।"—यह कहते हुए सूबेदार सारी खन्दक में चक्कर लगाने लगे।

वजीरा सिंह पल्टन का विदूषक था। बाल्टी में गँदला पानी भरकर खाई के बाहर फेंकता हुआ बोला, "मैं पाधा बन गया हूँ। करो जर्मनी के बादशाह का तर्पण।"—इस पर सब खिलखिला पड़े, और उदासी के बादल फट गये।

लहनासिंह ने दूसरी बाल्टी भरकर उसके हाथ में देकर कहा, "अपनी बाड़ी के खरबूजों में पानी दो। ऐसा खाद का पानी पंजाब-भर में नहीं मिलेगा।"

"हाँ, देश क्या है, स्वर्ग है। मैं तो लड़ाई के बाद सरकार से दस घुमा[2] जमीन यहाँ माँग लूँगा, और फलों के बूटे[3] लगाऊँगा।"

"लाड़ी होराँ"[4] को भी यहाँ बुला लोगे? या वही दूध पिलानेवाली फिरंगी मेम—"

"चुप कर। यहाँ वालों को शरम नहीं।"

"देश-देश की चाल है। आज तक मैं उसे समझा न सका कि सिक्ख तम्बाकू नहीं पीते। वह सिगरेट देने में हठ करती है, होठों में लगाना चाहती है और मैं पीछे हटता हूँ तो समझती है, राजा बुरा मान गया, अब मेरे मुल्क के लिए लड़ेगा नहीं।"

---

1. उद्यमी।
2. जमीन की नाप।
3. पेड़।
4. स्त्री का आदरवाचक शब्द।

"अच्छा, अब बोधासिंह कैसा है?"

"अच्छा है।"

"जैसे मैं जानता ही न होऊँ। रात-भर तुम अपने दोनों कम्बल उसे उढ़ाते हो और आप सिगड़ी के सहारे गुजर करते हो। उसके पहरे पर आप पहरा दे आते हो। अपने सूखे लकड़ी के तख़्ते पर उसे सुलाते हो, आप कीचड़ में पड़े रहते हो। कहीं तुम न माँदे पड़ जाना। जाड़ा क्या है मौत है, और निमोनियाँ से मरने वालों को मुरब्बे[1] नहीं मिला करते।"

"मेरा डर मत करो। मैं तो बुलेल की खड्ड के किनारे मरूँगा। भाई कीरतसिंह की गोदी पर मेरा सिर होगा और मेरे हाथ के लगाये हुए आँगन के आम के पेड़ की छाया होगी।"

वजीरा सिंह ने त्यौरी चढ़ाकर कहा, "क्या मरने-मारने की बात लगायी है? मरें जर्मनी और तुरक। हाँ भाइयों, कैसे–"

दिल्ली शहर तें पिशौर नुं जांदिए,
कर लेणा लौंगाँ दा व्योपार मंडिए,
(ओय) लाणा चटाका कदुए नुं।
कद्‌दू बरामाए मजेदार गोरिए
हुण लागा चटका कदुए नुं।

कौन जानता था कि दाढ़ियों वाले, घरबारी सिक्ख ऐसा लुच्चों का गीत गाएँगे, पर सारी खन्दक इस गीत से गूँज उठी और सिपाही फिर ताजे हो गये, मानो चार दिन से सोते और मौज ही करते रहे हों।

3

दोपहर रात गयी है। अँधेरा है। सन्नाटा छाया हुआ है। बोधा सिंह खाली विस्कुटों के तीन टीनों पर अपने दोनों कम्बल बिछाकर और लहना सिंह के दो कम्बल और बरानकोट[2] ओढ़कर सो रहा है। लहना सिंह पहरे पर खड़ा हुआ है। एक आँख खाई के मुँह पर है और एक बोधा सिंह के दुबले शरीर पर। बोधा सिंह कराहा।

"क्यों बोधा भाई, क्या है?"

"पानी पिला दो।"

लहना सिंह ने कटोरा उसके मुँह से लगाकर पूछा–"कहो कैसे हो?"

पानी पीकर बोधा बोला–"कँपनी[3] छूट रही है। रोम-रोम में तार दौड़ रहे हैं। दाँत बज रहे हैं।"

---

1. नयी नहरों के पास वर्ग–भूमि।
2. ओवर कोट।
3. कँपकँपी।

"अच्छा, मेरी जरसी पहन लो।"

"और तुम?"

"मेरे पास सिगड़ी है और मुझे गर्मी लगती है। पसीना आ रहा है।"

"नाँ, मैं नहीं पहनता, चार दिन से तुम मेरे लिए.....।"

"हाँ, याद आयी। मेरे पास दूसरी गरम जरसी है। आज सवेरे ही आयी है। विलायत से मेमें बुन-बुनकर भेज रही हैं। गुरु उनका भला करे।" यों कहकर लहना अपना कोट उतारकर जरसी उतारने लगा।

"सच कहते हो?"

"और नहीं झूठ?" यों कहकर नाहीं करते बोधा को उसने जबरदस्ती जरसी पहना दी और आप खाकी कोट और जीन का कुरता भर पहनकर पहरे पर आ खड़ा हुआ। मेम की जरसी की कथा केवल कथा थी।

आधा घंटा बीता। इतने में खाई के मुँह से आवाज आयी—"सूबेदार हजारा सिंह।"

"कौन लपटन साहब! हुकुम हुजूर?" कहकर सूबेदार तनकर फौजी सलाम करके सामने हुआ।

"देखो, इसी समय धावा करना होगा। मील भर की दूरी पर पूरब के कोने में एक जर्मन खाई है। उसमें पचास से ज्यादा जर्मन नहीं हैं। इन पेड़ों के नीचे-नीचे दो खेत काटकर रास्ता है। तीन-चार घुमाव हैं, जहाँ मोड़ हैं, वहाँ पन्द्रह जवान खड़े कर आया हूँ। तुम यहाँ दस आदमी छोड़कर सबको साथ ले उनसे जा मिलो। खन्दक छीनकर वहीं, जब तक दूसरा हुक्म न मिले, डटे रहो। हम यहाँ रहेगा।"

"जो हुकुम।"

चुपचाप सब तैयार हो गये। बोधा भी कम्बल उतारकर चलने लगा। तब लहना सिंह ने उसे रोका। लहना सिंह आगे हुआ, तो बोधा के बाप सूबेदार ने उँगली से बोधा की ओर इशारा किया। लहना सिंह समझकर चुप हो गया। पीछे दस आदमी कौन रहें, इस पर बड़ी हुज्जत हुई। कोई रहना न चाहता था। समझा-बुझाकर सूबेदार ने मार्च किया। लपटन साहब लहना की सिगड़ी के पास मुँह फेरकर खड़े हो गये और जेब से सिगरेट निकालकर सुलगाने लगे। दस मिनट बाद उन्होंने लहना की ओर हाथ बढ़ाकर कहा—"लो, तुम पिओ।"

आँख मारते-मारते लहना सिंह सब समझ गया। मुँह छिपाकर बोला—"लाओ साहब।" हाथ आगे करते ही उसने सिगड़ी के उजाले में साहब का मुँह देखा। बाल देखे। तब उसका माथा ठनका। लपटन साहब के पट्टियों वाले बाल एक दिन में कहाँ उड़ गये और उनकी जगह कैदियों-से कटे हुए बाल कहाँ से आ गये?

शायद साहब शराब पिए हुए हैं और उन्हें बाल कटवाने का मौका मिल गया है? लहना सिंह ने जाँचना चाहा। लपटन साहब पाँच वर्ष से उसकी रेजीमेंट में थे।

"क्यों साहब हम लोग हिन्दुस्तान कब जाएँगे?"

"लड़ाई खत्म होने पर। क्यों क्या यह देश पसन्द नहीं?"

"नहीं साहब, शिकार के वे मजे यहाँ कहाँ? याद है, पारसाल नकली लड़ाई के पीछे हम-आप जगाधरी जिले में शिकार करने गये थे—हाँ, हाँ,—वहीं जब आप खोते[1] पर, सवार थे और आपका खानसामा अब्दुल्ला रास्ते के एक मन्दिर में जल चढ़ाने को रह गया था?" "बेशक, पाजी कहीं का।" "सामने से वह नीलगाय निकली कि ऐसी बड़ी मैंने कभी न देखी थी और आपकी एक गोली कन्धे में लगी और पुट्ठे में निकली। ऐसे अफसर के साथ शिकार खेलने में मजा है। क्यों साहब, शिमले से तैयार होकर उस नीलगाय का सिर आ गया था न? आपने कहा था कि रेजीमेंट की मेस में लगाएँगे।" "हाँ, पर मैंने वह विलायत भेज दिया,"—"ऐसे बड़े-बड़े सींग। दो-दो फुट के तो होंगे?"

"हाँ, लहना सिंह, दो फुट चार इंच के थे। तुमने सिगरेट नहीं पिया?" "पीता हूँ साहब, दियासलाई ले आता हूँ" कहकर लहना सिंह खन्दक में घुसा। अब उसे सन्देह नहीं रहा था। उसने झटपट निश्चय कर लिया कि क्या करना चाहिए।

अँधेरे में किसी सोने वाले से वह टकराया।

"कौन? वजीरा सिंह?"

"हाँ, क्यों लहना सिंह?"

"क्या, कयामत आ गयी? जरा तो आँख लगने दी होती?"

4

"होश में आओ। कयामत आयी है और लपटन साहब की वर्दी पहनकर आयी है।"

"क्या?"

"लपटन साहब या तो मारे गये हैं या कैद हो गये हैं। उनकी वर्दी पहनकर यह कोई जर्मन आया है। सूबेदार ने इसका मुँह नहीं देखा। मैंने देखा और बातें की हैं। सौहरा[2] साफ उर्दू बोलता है, पर किताबी उर्दू और मुझे पीने को सिगरेट दिया है।"

"तो अब?"

"अब मारे गये। धोखा है। सूबेदार होराँ कीचड़ में चक्कर काटते फिरेंगे और यहाँ खाई पर धावा होगा। उधर उन पर खुले में धावा होगा। उठो, एक काम करो। पल्टन के पैरों के निशान देखते-देखते दौड़ जाओ। अभी बहुत दूर न गये होंगे। सूबेदार से कहो कि एकदम लौट आवें। खन्दक की बात झूठ है। चले जाओ, खन्दक

---

1. गधा।
2. सुसरा (गाली)।

के पीछे से निकल जाओ। पत्ता तक न खड़के। देर मत करो।"

"हुकुम तो यह है कि यहीं—"

"ऐसी-तैसी हुकुम की। मेरा हुकुम—जमादार लहना सिंह, जो इस वक्त यहाँ सबसे बड़ा अफसर है, उसका हुकुम है। मैं लपटन साहब की खबर लेता हूँ।"

"पर यहाँ तो तुम आठ ही हो।"

"आठ नहीं, दस लाख। एक-एक अकालिया सिक्ख सवा लाख के बराबर होता है। चले जाओ।"

लौटकर खाई के मुहाने पर लहना सिंह दीवार से चिपक गया। उसने देखा कि लपटन साहब ने जेब से बेल के बराबर तीन गोले निकाले, तीनों की जगह-जगह खन्दक की दीवारों में घुसेड़ दिया और तीनों में एक तार-सा बाँध दिया। तार के आगे सूत की गुत्थी थी, जिसे सिगड़ी के पास रखा। बाहर की तरफ जाकर एक दियासलाई जलाकर गुत्थी पर रखने—

बिजली की तरह दोनों हाथों से उल्टी बन्दूक को उठाकर लहना सिंह ने साहब की कुहनी पर तानकर दे मारी। धमाके के साथ साहब के हाथ से दियासलाई गिर पड़ी। लहना सिंह ने एक कुन्दा साहब की गर्दन पर मारा और साहब 'आँय! मीन गौट्ट'[1] कहते हुए चित हो गये। लहना सिंह ने तीनों गोले बीनकर खन्दक के बाहर फेंके और साहब को घसीटकर सिगड़ी के पास लिटाया। जेबों की तलाशी ली। तीन-चार लिफाफे और एक डायरी निकालकर उन्हें अपनी जेब के हवाले किया।

साहब की मूर्च्छा हटी। लहना सिंह हँसकर बोला—"क्यों लपटन साहब? मिजाज कैसा है? आज मैंने बहुत बातें सीखीं, यह सीखा कि सिक्ख सिगरेट पीते हैं। यह सीखा कि जगाधरी के जिले में नीलगायें होती हैं और उनके दो फुट चार इंच के सींग होते हैं। यह सीखा कि मुसलमान खानसामा मूर्तियों पर जल चढ़ाते हैं और लपटन साहब खोते पर चढ़ते हैं, पर यह तो कहो, ऐसी साफ उर्दू कहाँ से सीख आये। हमारे लपटन साहब तो बिना 'डैम' के पाँच लफ्ज़ भी नहीं बोला करते थे।"

लहना ने पतलून की जेबों की तलाशी नहीं ली थी। साहब ने मानो जाड़े से बचने के लिए दोनों हाथ जेब में डाले।

लहना सिंह कहता गया—"चालाक हो बड़े हो, पर माँझे का लहना इतने बरस लपटन के साथ रहा है। उसे चकमा देने के लिए चार आँखें चाहिए। तीन महीने हुए, एक तुरकी मौलवी मेरे गाँव में आया था। औरतों को बच्चे होने की ताबीज बाँटता था और बच्चों को दवाई देता था। चौधरी के बड़ के नीचे मंजा[2] बिछाकर

---

1. हाय। मेरे राम (जर्मन)।
2. खटिया।

हुक्का पीता रहता था और कहता था जर्मनी वाले बड़े पंडित हैं। वेद पढ़-पढ़कर उसमें से विमान चलाने की विद्या जान गये हैं। गौ को नहीं मारते। हिन्दुस्तान में आ जाएँगे, तो हत्या बन्द कर देंगे। मंडी के बनियों को बहकाता था कि डाकखाने से रुपया निकाल लो, सरकार का राज्य जाने वाला है। डाकबाबू पोल्हूराम भी डर गया था। मैंने मुल्ला जी की दाढ़ी मूड़ दी थी और गाँव से बाहर निकालकर कहा था कि मेरे गाँव में अब पैर रक्खा तो—"

साहब की जेब में से पिस्तौल चली और लहना की जाँघ में गोली लगी। इधर लहना की हैनरी मार्टिनी के दो फायरों ने साहब की कपाल क्रिया कर दी। धड़ाका सुनकर सब लोग दौड़ आये।

बोधा चिल्लाया—"क्या है?"

लहना सिंह ने उसे यह कहकर सुला दिया कि 'एक हड़का हुआ कुत्ता आया था, मार दिया' और औरों से सब हाल कह दिया। सब बन्दूकें लेकर तैयार हो गये। लहना ने साफा फाड़कर घाव के दोनों तरफ पट्टियाँ कसकर बाँधी। घाव मांस में ही था। पट्टियों के कसने से लहू निकलना बन्द हो गया।

इतने में सत्तर जर्मन चिल्लाकर खाई में घुस पड़े। सिक्खों की बन्दूकों की बाढ़ ने पहले धावे को रोका। पर यहाँ थे आठ (लहना सिंह तक-तककर मार रहा था—वह खड़ा था, और सब लेटे हुए थे) और वे सत्तर। अपने मुर्दा भाइयों के शरीरों पर चढ़कर जर्मन आगे घुसे आते थे। थोड़े-से मिनटों में वे.....

अचानक आवाज आयी—"वाह गुरुजी की फतह! वाह गुरुजी का खालसा!!" और धड़ाधड़ बन्दूकों के फायर जर्मनों के ऊपर पड़ने लगे। ऐन मौके पर जर्मन दो चक्की के पाटों के बीच में आ गये। पीछे से सूबेदार हजारा सिंह के जवान आग बरसाते थे और सामने लहना सिंह के साथियों के संगीन चल रहे थे। पास आने पर पीछेवालों ने भी संगीन पिरोना शुरू कर दिया।

एक किलकारी और—"अकाल सिक्खों की फौज आयी। वाह गुरुजी की फतह। वाह गुरुजी का खालसा!! सत श्री अकाल पुरुष!!!—"और लड़ाई खतम हो गयी। तिरसठ जर्मन या तो खेत रहे थे या कराह रहे थे। सिक्खों में पन्द्रह के प्राण गये। सूबेदार के कन्धे में से गोली आर-पार निकल गयी। लहना सिंह की पसली में एक गोली लगी। उसने घाव को खन्दक की गीली मिट्टी से पूर लिया और बाकी का साफा कसकर कमरबन्द की तरह लपेट लिया। किसी को खबर न हुई कि लहना को दूसरा घाव—भारी घाव—लगा है।

लड़ाई के समय चाँद निकल आया था, ऐसा चाँद, जिसके प्रकाश से संस्कृत कवियों का दिया हुआ 'क्षत्री' नाम सार्थक होता है। और हवा ऐसी चल रही थी, जैसी कि बाणभट्ट की भाषा में 'दन्तवीणोपदेशाचार्य' कहलाती। वजीरासिंह कह रहा था कि कैसे मन-मन भर फ्रांस की भूमि मेरे बूटों से चिपक रही थी, जब मैं दौड़ा-दौड़ा

सूबेदार के पीछे गया था। सूबेदार लहना सिंह से सारा हाल सुन और कागजात पाकर वे उसकी तीव्र बुद्धि को सराह रहे थे और कह रहे थे कि तू न होता, तो आज सब मारे जाते।

इस लड़ाई की आवाज तीन मील दाहिनी ओर की खाई वालों ने सुन ली थी। उन्होंने टेलीफोन कर दिया था। वहाँ से झटपट दो बीमार ढोने की गाड़ियाँ चलीं, जो कोई डेढ़ घंटे के अन्दर आ पहुँचीं। फील्ड अस्पताल नजदीक था। सुबह होते-होते वहाँ पहुँच जाएँगे, इसलिए मामूली पट्टी बाँधकर एक गाड़ी में घायल लिटाये गये और दूसरी में लाशें रक्खी गयीं। सूबेदार ने लहना सिंह की जाँघ में पट्टी बँधवानी चाही; पर उसने यह कहकर टाल दिया कि थोड़ा घाव है, सवेरे देखा जाएगा। बोधा सिंह ज्वर में बर्रा रहा था। वह गाड़ी में लिटाया गया। लहना को छोड़कर सूबेदार जाते नहीं थे। यह देख लहना ने कहा—"तुम्हें बोधा की कसम है, और सूबेदारनी जी की सौगन्ध है, जो इस गाड़ी में न चले जाओ।"

"और तुम?"

"मेरे लिए वहाँ पहुँचकर गाड़ी भेज देना और जर्मन मुर्दों के लिए भी तो गाड़ियाँ आती होंगी। मेरा हाल बुरा नहीं है। देखते नहीं, मैं खड़ा हूँ? वजीरासिंह मेरे पास है ही।"

"अच्छा, पर—"

"बोधा गाड़ी पर लेट गया। भला आप भी चढ़ जाओ। सुनिए तो, सूबेदारनी होराँ को चिट्ठी लिखो, तो मेरा मत्था टेकना लिख देना और जब घर जाओ तो कह देना कि मुझसे जो उसने कहा था, वह मैंने कर दिया।"

गाड़ियाँ चल पड़ी थीं। सूबेदार ने चढ़ते-चढ़ते लहना का हाथ पकड़कर कहा—"तूने मेरे और बोधा के प्राण बचाये हैं। लिखना कैसा? साथ ही घर चलेंगे। अपनी सूबेदारनी को तू ही कह देना। उसने क्या कहा था?"

"अब आप गाड़ी पर चढ़ जाओ, मैंने जो कहा, वह लिख देना, और कह भी देना।"

गाड़ी के जाते ही लहना लेट गया—"वजीरा, पानी पिला दे, और मेरा कमरबन्द खोल दे। तर हो रहा है।"

5

मृत्यु के कुछ समय पहले स्मृति बहुत साफ हो जाती है। जन्म भर की घटनाएँ एक-एक करके सामने आती हैं। सारे दृश्यों के रंग साफ होते हैं, समय की धुन्ध बिल्कुल उन पर से हट जाती है।

लहना सिंह बारह वर्ष का है। अमृतसर में मामा के यहाँ आया हुआ है। दहीवाले के यहाँ, सब्जीवाले के यहाँ, हर कहीं, उसे एक आठ वर्ष की लड़की मिल जाती है।

जब वह पूछता है—"तेरी कुड़माई हो गयी?" तब 'धत्' कहकर वह भाग जाती है। एक दिन उसने वैसे ही पूछा, तो उसने कहा—"हाँ, कल हो गयी, देखते नहीं यह रेशम के फूलों वाला सालू?"—सुनते ही लहना सिंह को दुःख हुआ। क्रोध हुआ। क्यों हुआ? "वजीरा सिंह, पानी पिला दे।"

X X X

पच्चीस वर्ष बीत गए। अब लहना सिंह नं. 77 रैफल्स में जमादार हो गया है। उस आठ वर्ष की कन्या का ध्यान ही न रहा। न मालूम वह कभी मिली थी, या नहीं। सात दिन की छुट्टी लेकर जमीन के मुकदमे की पैरवी करने वह अपने घर गया। वहाँ रेजीमेंट के अफसर की चिट्ठी मिली कि फौज लाम पर जाती है, फौरन चले आओ। साथ ही सूबेदार हजारा सिंह की चिट्ठी मिली कि मैं और बोधा सिंह भी लाम पर जाते हैं। लौटते हुए हमारे घर होते आना। साथ ही चलेंगे। सूबेदार का गाँव रास्ते में पड़ता था, और सूबेदार उसे बहुत चाहता था। लहना सिंह सूबेदार के यहाँ पहुँचा।

जब चलने लगे, तब सूबेदार बेढ़े[1] में से निकलकर आया। बोला—

"लहना, सूबेदारनी तुझको जानती हैं, बुलाती हैं। जा मिल आ।"—लहना सिंह भीतर पहुँचा। सूबेदारनी मुझे जानती हैं? कब से? रेजीमेंट के क्वार्टरों में तो कभी सूबेदार के घर के लोग रहे नहीं। दरवाजे पर जाकर 'मत्था टेकना' कहा। असीस सुनी। लहना सिंह चुप।

"मुझे पहचाना?"

"नहीं।"

"तेरी कुड़माई हो गयी—धत्—कल हो गयी—देखते नहीं, रेशमी बूटों वाला सालू—अमृतसर में—"

भावों की टकराहट से मूर्च्छा खुली। करवट बदली। पसली का घाव बह निकला।

"वजीरा, पानी पिला"—उसने कहा था।

स्वप्न चल रहा है। सूबेदारनी कह रही है—"मैंने तेरे को आते ही पहचान लिया। एक काम कहती हूँ। मेरे तो भाग फूट गये। सरकार ने बहादुरी का खिताब दिया है, लायलपुर में जमीन दी है, आज नमकहलाली का मौका आया है; पर सरकार ने हम तीमियों[2] की एक घघरिया पल्टन क्यों न बना दी, जो मैं भी सूबेदार के साथ चली जाती? एक बेटा है। फौज में भर्ती हुए उसे एक ही बरस हुआ। उसके पीछे चार और हुए, पर एक भी नहीं जिया।"—सूबेदारनी रोने लगी—"अब दोनों जाते हैं। मेरे भाग। तुम्हें याद है, एक दिन टाँगे वाले का घोड़ा, दही वाले की दुकान के पास

---

1. जनाने।
2. स्त्रियों।

बिगड़ गया था। तुमने उस दिन मेरे प्राण बचाये थे। तुम घोड़े की लातों में चले गये थे, और मुझे उठाकर दुकानदार के तख्ते पर खड़ा कर दिया था। ऐसे ही इन दोनों को बचाना। यह मेरी भिक्षा है। तुम्हारे आगे में आँचल पसारती हूँ।"

रोती-रोती सूबेदारनी ओबरी[1] में चली गयी। लहना भी आँसू पोंछता हुआ बाहर आया।

"वजीरा सिंह, पानी पिला"—उसने कहा था।

X X X

लहना का सिर अपनी गोद में रक्खे वजीरा सिंह बैठा है। जब माँगता है, तब पानी पिला देता है, आध घंटे तक लहना चुप रहा, फिर बोला—"कौन! कीरतसिंह?"

वजीरा ने कुछ समझकर कहा—"हाँ।"

"भैया, मुझे और ऊँचा कर ले। अपने पट्टे[2] पर मेरा सिर रख ले।"

वजीरा ने वैसा ही किया।

"हाँ, अब ठीक है। पानी पिला दे। बस, अब के हाड़[3] में यह आम खूब फलेगा। चचा-भतीजे दोनों यहीं बैठकर आम खाना। जितना बड़ा तेरा भतीजा है, उतना ही यह आम है। जिस महीने उसका जन्म हुआ था, उसी महीने में मैंने इसे लगाया था।"

वजीरा सिंह के आँसू टप-टप टपक रहे थे।

कुछ दिन पीछे लोगों ने अखबारों में पढ़ा—"फ्रांस और बेलजियम—68वीं सूची—मैदान में घावों से मरा—नं. 77 सिक्ख राइफल्स, जमादार लहना सिंह।

---

1. अन्दर का घर।
2. जाँघ।
3. आषाढ़।

नैराश्य

– प्रेमचन्द

आज आदमी अपनी स्त्री से इसलिए नाराज रहते हैं कि उसके लड़कियाँ ही क्यों होती हैं, लड़के क्यों नहीं होते। जानते हैं कि इसमें स्त्री का दोष नहीं है, या है तो उतना ही जितना मेरा, फिर भी जब देखिए स्त्री से रूठे रहते हैं, उसे अभागिनी कहते हैं और सदैव उसका दिल दुखाया करते हैं। निरुपमा उन्हीं अभागिनी स्त्रियों में थी और घमंडीलाल त्रिपाठी उन्हीं अत्याचारी पुरुषों में। निरुपमा के तीन बेटियाँ लगातार हुई थीं और वह सारे घर की निगाहों से गिर गयी थी। सास-ससुर की अप्रसन्नता की तो उसे विशेष चिन्ता न थी वे पुराने जमाने के लोग थे, जब लड़कियाँ गरदन का बोझ और पूर्वजन्मों का पाप समझी जाती थीं। हाँ, उसे दुःख अपने पतिदेव की अप्रसन्नता का था जो पढ़े-लिखे आदमी होकर भी उसे जली-कटी सुनाते रहते थे। प्यार करना तो दूर रहा, निरुपमा से सीधे मुँह बात न करते, कई-कई दिनों तक घर ही में न आते और आते भी तो कुछ इस तरह खिंचे-तने हुए रहते कि नरुपमा थर-थर काँपती रहती थी, कहीं गरज न उठें। घर में धन का अभाव न था; पर निरुपमा को कभी यह साहस न होता था कि किसी सामान्य वस्तु की इच्छा भी प्रकट कर सके। वह समझती थी, मैं यथार्थ में अभागिन हूँ, नहीं तो क्या भगवान मेरी कोख में लड़कियाँ ही रचते। पति की एक मृदु मुसकान के लिए, एक मीठी बात के लिए उसका हृदय तड़पकर रह जाता था। यहाँ तक कि वह अपनी लड़कियों को प्यार करते हुए सुकुचाती थी कि लोग कहेंगे, पीतल की नथ पर इतना गुमान करती है। जब त्रिपाठी जी के घर में आने का समय होता तो किसी-न-किसी बहाने से वह लड़कियों को उनकी आँखों से दूर कर देती थी। सबसे बड़ी विपत्ति यह थी कि त्रिपाठी जी ने धमकी दी थी कि अबकी कन्या हुई तो घर छोड़कर निकल जाऊँगा, इस नरक में क्षण-भर भी न ठहरूँगा। निरुपमा को यह चिन्ता और भी खाये जाती थी।

वह मंगल का व्रत रखती थी, रविवार, निर्जला एकादशी और न जाने कितने व्रत करती थी। स्नान-पूजा तो नित्य का नियम था; पर किसी अनुष्ठान से मनोकामना न पूरी होती थी। नित्य अवहेलना, तिरस्कार, उपेक्षा, अपमान सहते-सहते उसका चित्त संसार से विरक्त हो जाता था। जहाँ कान एक मीठी बात के लिए, आँखें

एक प्रेम-दृष्टि के लिए, हृदय एक आलिंगन के लिए तरसकर रह जाये, घर में अपनी कोई बात न पूछे, वहाँ जीवन से क्यों न अरुचि हो जाय?

एक दिन घोर निराशा की दशा में उसने अपनी बड़ी भावज को एक पत्र लिखा। एक-एक अक्षर से असह्य वेदना टपक रही थी। भावज ने उत्तर दिया—तुम्हारे भैया जल्द तुम्हें विदा कराने जायेंगे। यहाँ आजकल एक सच्चे महात्मा आये हुए हैं। जिनका आशीर्वाद कभी निष्फल नहीं जाता। यहाँ कई सन्तानहीन स्त्रियाँ उनके आशीर्वाद से पुत्रवती हो गयीं। पूर्ण आशा है कि तुम्हें भी उनका आशीर्वाद कल्याणकारी होगा।

निरुपमा ने यह पत्र पति को दिखाया। त्रिपाठी जी उदासीन भाव से बोले—सृष्टि रचना महात्माओं के हाथ का काम नहीं, ईश्वर का काम है।

निरुपमा—हाँ, लेकिन महात्माओं में भी तो कुछ सिद्धि होती है।

घमंडीलाल—हाँ, होती है, पर ऐसे महात्माओं के दर्शन दुर्लभ हैं।

निरुपमा—मैं तो इस महात्मा के दर्शन करूँगी।

घमंडीलाल—चली जाना।

निरुपमा—जब बाँझिनों के लड़के हुए तो मैं क्या उनसे भी गयी-गुजरी हूँ?

घमंडीलाल—कह तो दिया भाई चली जाना। यह करके भी देख लो। मुझे तो ऐसा मालूम होता है, पुत्र का मुख देखना हमारे भाग्य में नहीं है।

2

कई दिन बाद निरुपमा अपने भाई के साथ मैंके गयी। तीनों पुत्रियाँ भी साथ थीं। भाभी ने उन्हें प्रेम से गले लगाकर कहा, तुम्हारे घर के आदमी बड़े निर्दयी हैं। ऐसी गुलाब के फूलों की-सी लड़कियाँ पाकर भी तकदीर को रोते हैं। ये तुम्हें भारी हों तो मुझे दे दो। जब ननद और भावज भोजन करके लेटीं तो निरुपमा ने पूछा—वह महात्मा कहाँ रहते हैं?

भावज—ऐसी जल्दी क्या है, बता दूँगी।

निरुपमा—है नगीच ही न?

भावज—बहुत नगीच। जब कहोगी, उन्हें बुला दूँगी।

निरुपमा—तो क्या तुम लोगों पर बहुत प्रसन्न हैं क्या?

भावज—दोनों वक्त यहीं भोजन करते हैं। यहीं रहते हैं।

निरुपमा—जब घर में वैद्य तो मरिये क्यों? आज मुझे उनके दर्शन करा देना।

भावज—भेंट क्या दोगी?

निरुपमा—मैं किस लायक हूँ?

भावज—अपनी सबसे छोटी लड़की दे देना।

निरुपमा—चलो, गाली देती हो।

भावज—अच्छा यह न सही, एक बार उन्हें प्रेमालिंगन करने देना।

निरुपमा—भाभी, मुझसे ऐसी हँसी करोगी तो मैं चली जाऊँगी।

भावज—वह महात्मा बड़े रसिया हैं।

निरुपमा—तो चूल्हे में जायें। कोई दुष्ट होगा।

भावज—उनका आशीर्वाद तो इसी शर्त पर मिलेगा। वह और कोई भेंट स्वीकार ही नहीं करते।

निरुपमा—तुम तो यों बातें कर रही हो मानो उनकी प्रतिनिधि हो।

भावज—हाँ, वह यह सब विषय मेरे ही द्वारा तय किया करते हैं। मैं भेंट लेती हूँ। मैं ही आशीर्वाद देती हूँ, मैं ही उनके हितार्थ भोजन का लेती हूँ।

निरुपमा—तो यह कहो कि तुमने मुझे बुलाने के लिए यह हीला निकाला है।

भावज—नहीं, उनके साथ ही तुम्हें कुछ ऐसे गुर बता दूँगी जिससे तुम अपने घर आराम से रहो।

इसके बाद दोनों सखियों में कानाफूसी होने लगी। जब भावज चुप हुई तो निरुपमा बोली—और जो कहीं फिर कन्या ही हुई तो?

भावज—तो क्या? कुछ दिन तो शान्ति और सुख से जीवन कटेगा। यह दिन तो कोई लौटा न लेगा। पुत्र हुआ तो कहना ही क्या, पुत्री हुई तो फिर कोई नयी युक्ति निकाली जायेगी। तुम्हारे घर के जैसे अक्ल के दुश्मनों के साथ ऐसी ही चालें चलने में गुजारा है।

निरुपमा—मुझे तो संकोच मालूम होता है।

भावज—त्रिपाठी जी को दो-चार दिन में पत्र लिख देना कि महात्मा जी के दर्शन हुए और उन्होंने मुझे वरदान दिया है। ईश्वर ने चाहा तो उसी दिन से तुम्हारी मान-प्रतिष्ठा होने लगेगी। घमंडी दौड़े हुए आयेंगे और तुम्हारे ऊपर प्राँण निछावर करेंगे। कम-से-कम साल भर तो चैन की वंशी बजाना। इसके बाद देखी जायेगी।

निरुपमा—पति से कपट करूँ तो पाप न लगेगा?

भावज—ऐसे स्वार्थियों से कपट करना पुण्य है।

3

तीन-चार महीने के बाद निरुपमा अपने घर आयी। घमंडीलाल उसे विदा कराने गये थे। सरहज ने महात्मा जी का रंग और भी चोखा कर दिया। बोली—ऐसी तो किसी को देखा नहीं कि इन महात्मा जी ने वरदान दिया हो और वह पूरा न हो गया हो। हाँ, जिसका भाग्य ही फूट जाय उसे कोई क्या कर सकता है।

घमंडीलाल प्रत्यक्ष तो वरदान और आशीर्वाद की उपेक्षा ही करते रहे, इन बातों पर विश्वास करना आजकल संकोचजनक मालूम होता है; पर उनके दिल पर असर जरूर हुआ।

निरुपमा की खातिरदारियाँ होनी शुरू हुईं। जब वह गर्भवती हुई तो सबके दिलों में नयी-नयी आशाएँ हिलोरें लेने लगीं। सास जो उठते गाली और बैठते व्यंग्य से बातें करती थी अब उसे पान की तरह फेरती—बेटी, तुम रहने दो, मैं ही रसोई बना लूँगी, तुम्हारा सिर दुखने लगेगा। कभी निरुपमा कलसे का पानी या कोई चारपाई उठाने लगती तो सास दौड़ती—बहू, रहने दो, मैं आती हूँ, तुम कोई भारी चीज मत उठाया करो। लड़कियों की बात और होती है, उन पर किसी बात का असर नहीं होता, लड़के तो गर्भ में ही मान करने लगते हैं। अब निरुपमा के लिए दूध का उठौना किया गया, जिससे बालक पुष्ट और गोरा हो। घमंडीलाल वस्त्राभूषणों पर उतारू हो गये। हर महीने एक-न-एक नयी चीज लाते। निरुपमा का जीवन इतना सुखमय कभी न था। उस समय भी नहीं जब नवेली वधू थी।

महीने गुजरने लगे। निरुपमा को अनुभूत लक्षणों से विदित होने लगा कि यह कन्या ही है; पर वह इस भेद को गुप्त रखती थी। सोचती, सावन की धूप है, इसका क्या भरोसा जितनी चीज़ धूप में सुखानी हो सुखा लो, फिर तो घटा छायेगी ही। बात-बात पर बिगड़ती। वह कभी इतनी मानशीला न थी। पर घर में कोई चूँ तक न करता कि कहीं बहू का दिल न दुखे, नहीं बालक को कष्ट होगा। कभी-कभी निरुपमा केवल घरवालों को जलाने के लिए अनुष्ठान करती, उसे उन्हें जलाने में मज़ा आता था। वह सोचती, तुम स्वार्थियों को जितना जलाऊँ उतना अच्छा। तुम मेरा आदर इसलिए करते हो न कि मैं बच्चा जनूँगी तो तुम्हारे कुल का नाम चलायेगा। मैं कुछ नहीं हूँ, बालक ही सब-कुछ है। मेरा अपना कोई महत्त्व नहीं, जो कुछ है वह बालक के नाते। यह मेरे पति हैं। पहले इन्हें मुझसे कितना प्रेम था, तब इतने संसार-लोलुप न हुए थे। अब इनका प्रेम केवल स्वार्थ का स्वांग है। मैं भी पशु हूँ जिसे दूध के लिए चारा-पानी दिया जाता है। खैर, यही सही, इस वक्त तो तुम मेरे काबू में आये हो। जितने गहने बन सकें बनवा लूँ, इन्हें तो छीन न लोगे।

इस तरह दस महीने पूरे हो गये। निरुपमा की दोनों ननदें ससुराल से बुलायी गयीं। बच्चे के लिए पहले ही से सोने के गहने बनवा लिए गये, दूध के लिए एक सुन्दर गाय मोल ले ली गयी, घमंडीलाल उसे हवा खिलाने को एक छोटी-सी सेजगाड़ी लाये। जिस दिन निरुपमा को प्रसव-वेदना होने लगी, द्वार पर पंडित जी मुहूर्त देखने के लिए बुलाये गये। एक मीरशिकार बन्दूक छोड़ने को बुलाया गया, गायनें मंगल-गान के लिए बटोर ली गयीं। घर से तिल-तिल पर खबर मँगायी जाती थी, क्या हुआ? लेडी डॉक्टर भी बुलायी गयीं। बाजे वाले हुक्म के इन्तजार में बैठे थे। पामर भी अपनी सारंगी लिए 'जच्चा मान करे नन्दलाल सों' की तान सुनाने को तैयार बैठा था। सारी तैयारियाँ, सारी आशाएँ, सारा उत्साह, सारा समारोह एक ही शब्द पर अवलम्बित था। ज्यों-ज्यों देर होती थी लोगों में उत्सुकता बढ़ती जाती थी। घमंडीलाल अपने मनोभावों को छिपाने के लिए एक समाचार-पत्र देख रहे थे, मानो

उन्हें लड़का या लड़की दोनों ही बराबर है। मगर उनके बूढ़े पिताजी इतने सावधान न थे। उनकी बाछें खिली जाती थीं, हँस-हँसकर सबसे बात कर रहे थे और पैसों की एक थैली को बार-बार उछालते थे।

मीरशिकार ने कहा—मालिक से अबकी पगड़ी-दुपट्टा लूँगा।

पिता जी ने खिलकर कहा—अबे कितनी पगड़ियाँ लेगा? इतनी बेभाव की दूँगा कि सर के बाल गंजे हो जायेंगे।

पामर बोला—सरकार से अबकी कुछ जीविका लूँ।

पिताजी खिलकर बोले—अबे कितनी खायेगा; खिला-खिलाकर पेट फाड़ दूँगा।

सहसा महरी घर में से निकली। कुछ घबरायी-सी थी। वह अभी कुछ बोलने भी न पायी थी कि मीरशिकार ने बन्दूक फैर कर ही तो दी। बन्दूक छूटनी थी कि रोशनचौकी की तान भी छिड़ गयी, पामर भी कमर कसकर नाचने को खड़ा हो गया।

महरी—अरे तुम सब-के-सब भंग खा गये हो क्या?

मीरशिकार—क्या हुआ क्या?

महरी—हुआ क्या, लड़की ही तो फिर हुई है।

पिताजी—लड़की हुई है?

यह कहते-कहते वह कमर थामकर बैठ गये मानो वज्र गिर पड़ा। घमंडीलाल कमरे से निकल आये और बोले—जाकर लेडी डॉक्टर से तो पूछ। अच्छी तरह देख ले। देखा न सुना, चल खड़ी हुई।

महरी—बाबूजी, मैंने तो आँखों देखा है।

घमंडीलाल—कन्या ही है।

पिता—हमारी तकदीर ही ऐसी है बेटा। जाओ रे सब-के-सब। तुम सभी के भाग्य में कुछ पाना न लिखा था तो कहाँ से पाते। भाग जाओ। सैकड़ों रुपये पर पानी फिर गया, सारी तैयारी मिट्टी में मिल गयी।

घमंडीलाल—उस महात्मा से पूछना चहिए। मैं आज डाक से जरा बच्चा की खबर लेता हूँ।

पिताजी—धूर्त है, धूर्त!

घमंडीलाल—मैं उनकी सारी धूर्तता निकाल दूँगा। मारे डंडों के खोपड़ी न तोड़ दूँ तो कहिएगा। चांडाल कहीं का। उसके कारण मेरे सैकड़ों रुपये पर पानी फिर गया। यह सेजगाड़ी, यह गाय, यह पलना, यह सोने के गहने किसके सिर पटकूँ। ऐसे ही उसने कितने ही को ठगा होगा। एक दफ़ा बच्चा की मरम्मत हो जाती तो ठीक हो जाते।

पिताजी—बेटा, उसका दोष नहीं, अपने भाग्य का दोष है।

घमंडीलाल—उसने क्यों कहा ऐसा नहीं होगा। औरतों से इस पाखंड के लिए कितने ही रुपये ऐंठे होंगे। वह सब उन्हें उगलना पड़ेगा, नहीं तो पुलिस में रपट

कर दूँगा। कानून में पाखंड का भी तो दंड है। मैं पहले ही चौंका था कि हो न हो पाखंडी है; लेकिन मेरी सरहज ने धोखा दिया, नहीं तो मैं ऐसे पाजियों के पंजे में कब आने वाला था। एक ही सुअर है।

पिताजी—बेटा, सब्र करो। ईश्वर को जो कुछ मंजूर था, वह हुआ। लड़का-लड़की दोनों ही ईश्वर की देन हैं, जहाँ तीन हैं वहाँ एक और सही।

पिता और पुत्र में तो यह बातें होती रहीं। पामर, मीरशिकार आदि ने अपने-अपने डंडे सँभाले और अपनी राह चले। घर में मातम-सा छा गया, लेडी डॉक्टर भी विदा कर दी गयीं, सौर में जच्चा और दाई के सिवा कोई न रहा। वृद्धा माता तो इतनी हताशा हुईं कि उसी वक़्त अटवास-खटवास लेकर पड़ रहीं।

जब बच्चे की बरही हो गयी तो घमंडीलाल स्त्री के पास गये और सरोष भाव से बोले—फिर लड़की हो गयी।

निरुपमा—क्या करूँ, मेरा क्या बस?

घमंडीलाल—उस पापी धूर्त ने बड़ा चकमा दिया।

निरुपमा—अब क्या कहूँ, मेरे भाग्य ही में न होगा, नहीं तो वहाँ कितनी ही औरतें बाबाजी को रात-दिन घेरे रहती थीं। वह किसी से कुछ लेते तो कहती कि धूर्त हैं, कसम ले लो जो मैंने एक कौड़ी भी उन्हें दी हो।

घमंडीलाल—उसने लिया न लिया, यहाँ तो दिवाला निकल गया। मालूम हो गया तक़दीर में पुत्र नहीं लिखा है। कुल का नाम डूबना ही है तो क्या आज डूबा, क्या दस साल बाद डूबा। अब कहीं चला जाऊँगा, गृहस्थी में कौन-सा सुख रखा है।

वह बहुत देर तक खड़े-खड़े अपने भाग्य को रोते रहे; पर निरुपमा ने सिर तक न उठाया।

निरुपमा के सिर फिर वही विपत्ति आ पड़ी, फिर वही ताने, वही अपमान, वही अनादर, वही छीछालेदार, किसी को चिन्ता न रहती कि खाती-पीती है या नहीं, अच्छी है या बीमार, दुखी है या सुखी। घमंडीलाल यद्यपि कहीं न गये, पर निरुपमा को यह धमकी प्रायः नित्य ही मिलती रहती थी। कई महीने यों ही गुजर गये तो निरुपमा ने फिर भावज को लिखा कि तुमने और भी मुझे विपत्ति में डाल दिया। इससे तो पहले ही भली थी। अब तो कोई बात भी नहीं पूछता कि मरती है या जीती है। अगर यही दशा रही तो स्वामी जी चाहे संन्यास लें या न लें, लेकिन मैं संसार को अवश्य त्याग दूँगी।

भाभी यह पत्र पाकर परिस्थिति समझ गयी। अबकी उसने निरुपमा को बुलाया नहीं, जानती थी कि लोग विदा ही न करेंगे, पति को लेकर स्वयं आ पहुँची। उसका नाम सुकेशी था। बड़ी मिलनसार, चतुर, विनोदशील स्त्री थी। आते ही आते निरुपमा की गोद में कन्या देखी तो बोली—अरे यह क्या?

सास—भाग्य है और क्या।

सुकेशी—भाग्य कैसा? इसने महात्मा जी की बातें भुला दी होंगी। ऐसा तो हो ही नहीं सकता कि वह मुँह से जो कुछ कह दें, वह न हो। क्यों जी, तुमने मंगल का व्रत रखा।

निरुपमा—बराबर एक व्रत भी न छोड़ा

सुकेशी—पाँच ब्राह्मणों को मंगल के दिन भोजन कराती रहीं।

निरुपमा—यह तो उन्होंने नहीं कहा था।

सुकेशी—तुम्हारा सिर, मुझे खूब याद है, मेरे सामने उन्होंने बहुत जोर देकर कहा था। तुमने सोचा होगा, ब्राह्मणों को भोजन कराने से क्या होता है। यह न समझा कि कोई अनुष्ठान सफल नहीं होता जब तक विधिवत् उसका पालन न किया जाय।

सास—इसने कभी इसकी चर्चा ही नहीं की; नहीं पाँच क्या दस ब्राह्मणों को जिमा देती। तुम्हारे धर्म से कुछ कमी नहीं है।

सुकेशी—कुछ नहीं, भूल हो गयी और क्या। रानी, बेटे का मुँह यों देखना नसीब नहीं होता। बड़े-बड़े जप-तप करने पड़ते हैं, तुम मंगल के एक व्रत ही से घबरा गयी?

सास—अभागिनी है और क्या?

घमंडीलाल—ऐसी कौन-सी बड़ी बातें थीं, जो याद न रहीं? वह खुद हम लोगों को जलाना चाहती है।

सास—वही तो कहूँ कि महात्मा की बात कैसे निष्फल हुई। यहाँ सात बरसों तक 'तुलसी माई' को दिया चढ़ाया, तब जाके बच्चे का जन्म हुआ।

घमंडीलाल—इन्होंने समझा था दाल-भात का कौर है।

सुकेशी—खैर, अब जो हुआ सो हुआ, कल मंगल है, फिर व्रत रखो और अबकी सात ब्राह्मणों को जिमाओ। देखें, कैसे महात्मा जी की बात नहीं पूरी होती।

घमंडीलाल—व्यर्थ है, इनके किये कुछ न होगा।

सुकेशी—बाबूजी, आप विद्वान समझदार होकर इतना दिल छोटा करते हैं। अभी आपकी उम्र ही क्या है। कितने पुत्र लीजिएगा? नाकों दम न हो जाय तो कहिएगा।

सास—बेटी, दूध-पूत से भी किसी का मन भरा है।

सुकेशी—ईश्वर ने चाहा तो आप लोगों का मन भर जायेगा। मेरा तो भर गया।

घमंडीलाल—सुनती हो महारानी, अबकी कोई गोलमाल मत करना। अपनी भाभी से सब ब्योरा अच्छी तरह पूछ लेना।

सुकेशी—आप निश्चिन्त रहें, मैं याद करा दूँगी; क्या भोजन करना होगा, कैसे रहना होगा, कैसे स्नान करना होगा, यह सब लिखा दूँगी और अम्माँ जी, आज से अठारह मास बाद आपसे कोई भारी इनाम लूँगी।

सुकेशी एक सप्ताह यहाँ रही और निरुपमा को खूब सिखा-पढ़ाकर चली गयी।

4

निरुपमा का इकबाल फिर चमका, घमंडीलाल अबकी इतने आश्वासित हुए कि भविष्य ने भूत को भुला दिया। निरुपमा फिर बाँदी से रानी हुई, सास फिर उसे पानी की भाँति फेरने लगी, लोग उसका मुँह जोहने लगे।

दिन गुजरने लगे, निरुपमा कभी कहती अम्माँ जी, आज मैंने स्वप्न देखा कि एक वृद्धा स्त्री ने आकर मुझे पुकारा और एक नारियल देकर बोली—यह तुम्हें दिये जाती हूँ; कभी कहती, अम्माँ जी, अबकी न जाने क्यों मेरे दिल में बड़ी-बड़ी उमंगें पैदा हो रही हैं; जी चाहता है खूब गाना सुनूँ, नदी में खूब स्नान करूँ, हरदम नशा-सा छाया रहता है। सास सुनकर मुस्कुराती और कहती—बहू ये शुभ लक्षण हैं।

निरुपमा चुपके-चुपके माजून मँगाकर खाती और अपने असल नेत्रों से ताकती हुई—घमंडीलाल से पूछती—मेरी आँखें लाल हैं क्या?

घमंडीलाल खुश होकर कहते—मालूम होता है, नशा चढ़ा हुआ है। ये शुभ लक्षण हैं।

निरुपमा को सुगन्धों से कभी इतना प्रेम न था, फूलों के गजरों पर अब वह जान देती थी।

घमंडीलाल अब नित्य सोते समय उसे महाभारत की वीर कथाएँ पढ़कर सुनाते, कभी गुरु गोविन्दसिंह की कीर्ति का वर्णन करते। अभिमन्यु की कथा से निरुपमा को बड़ा प्रेम था। पिता अपने आने वाले पुत्र को वीर-संस्कारों से परिपूरित कर देना चाहता था।

एक दिन निरुपमा ने पति से कहा—नाम क्या रखोगे?

घमंडीलाल—यह तो तुमने खूब सोचा। मुझे तो इसका ध्यान ही न रहा था। ऐसा नाम होना चाहिए जिससे शौर्य और तेज टपके। सोचो कोई नाम।

दानों प्राणी नामों की व्याख्या करने लगे। जोरावरलाल से लेकर हरिश्चन्द्र तक सभी नाम गिनाये गये, पर उस असामान्य बालक के लिए कोई नाम न मिला। अन्त में पति ने कहा, तेगबहादुर कैसा नाम है।

निरुपमा—बस-बस, यही नाम मुझे पसन्द है।

घमंडीलाल—नाम तो बढ़िया है। तेगबहादुर की कीर्ति सुन ही चुकी हो। नाम का आदमी पर बड़ा असर होता है।

निरुपमा—नाम ही तो सब-कुछ है। दमड़ी, छकौड़ी, घुरहू, कतावारू, जिसके नाम देखे उसे भी 'यथा नाम तथा गुण' ही पाया। हमारे बच्चे का नाम होगा तेगबहादुर।

5

प्रसव-काल आ पहुँचा। निरुपमा को मालूम था कि क्या होने वाला है; लेकिन बाहर मंगलाचरण का पूरा सामान था। अबकी किसी को लेशमात्र भी सन्देह न था।

नाच, गाने का प्रबन्ध भी किया गया था। एक शामियाना खड़ा किया गया था और मित्रगण उसमें बैठे खुश-गप्पियाँ कर रहे थे। हलवाई कड़ाह से पूरियाँ और मिठाइयाँ निकाल रहा था। कई बोरे अनाज के रखे हुए थे कि शुभ समाचार पाते ही भिक्षुकों को बाँटे जायें। एक क्षण का भी विलम्ब न हो, इसलिए बोरों के मुँह खोल दिये गये थे।

लेकिन निरुपमा का दिल प्रतिक्षण बैठा जाता था। अब क्या होगा? तीन साल किसी तरह कौशल से कट गये और मज़े में कट गये, लेकिन अब विपत्ति सिर पर मँडरा रही है। हाय! कितनी परवशता है। निरपराध होने पर भी यह दंड! अगर भगवान की इच्छा है कि मेरे गर्भ से कोई पुत्र न जन्म ले तो मेरा क्या दोष। लेकिन कौन सुनता है। मैं ही अभागिनी हूँ, मैं ही त्याज्य हूँ, मैं ही कलमुँही हूँ, इसलिए न कि परवश हूँ। क्या होगा? अभी एक क्षण में यह सारा आनन्दोत्सव शोक में डूब जायेगा, मुझ पर बौछारें पड़ने लगेंगी, भीतर से बाहर तक मुझी को कोसेंगे, सास-ससुर का भय नहीं, लेकिन स्वामी जी शायद फिर मेरा मुँह न देखें, शायद निराश होकर घरबार त्याग दें। चारों तरफ अमंगल ही अमंगल है। मैं अपने घर की, अपनी सन्तान की दुर्दशा देखने के लिए क्यों जीवित हूँ। कौशल बहुत हो चुका, अब उससे कोई आशा नहीं। मेरे दिल में कैसे-कैसे अरमान थे। अपनी प्यारी बच्चियों का लालन-पालन करती, उन्हें ब्याहती, उनके बच्चों को देखकर सुखी होती। पर आह! यह सब अरमान खाक में मिले जाते हैं। भगवान तुम्हीं अब इनके पिता हो, तुम्हीं इनके रक्षक हो। मैं तो अब जाती हूँ।

लेडी डॉक्टर ने कहा—वेल! फिर लड़की है।

भीतर-बाहर कुहराम मच गया, पिट्टस पड़ गयी। घमंडीलाल ने कहा—जहन्नुम में जाय ऐसी जिन्दगी, मौत भी नहीं आ जाती!

उनके पिता भी बोले—अभागिनी है, वज्र अभागिनी!

भिक्षुकों ने कहा—रोओ अपनी तकदीर को, हम कोई दूसरा द्वार देखते हैं।

अभी यह शोकोद्गार शान्त न होने पाया था कि लेडी डॉक्टर ने कहा—माँ का हाल अच्छा नहीं है। वह अब नहीं बच सकती। उसका दिल बन्द हो गया है।

पुरस्कार

– जयशंकर प्रसाद

आर्द्रा नक्षत्र, आकाश में काले-काले बादलों की घुमड़, जिसमें देव-दुन्दुभि का गम्भीर घोष। प्राचीर के एक निरभ्र कोने से स्वर्ण-पुरुष झाँकने लगा था—देखने लगा महाराज की सवारी। शैलमाला के अंचल में, समतल उर्वरा भूमि से, सोंधी बास उठ रही थी। नगर तोरण से जय-घोष हुआ; भीड़ में गजराज का चामरधारी शुंठ उन्नत दिखाई पड़ा। हर्ष और उत्साह का वह समुद्र हिलोरें भरता हुआ आगे बढ़ने लगा।

प्रभात की हेम-किरणों से अनुरंजित नन्ही-नन्ही बूँदों का एक झोंका स्वर्णमल्लिका के सामने बरस पड़ा। मंगल-सूचना से जनता ने हर्ष-ध्वनि की।

रथों, हाथियों और अश्वारोहियों की पंक्ति जम गयी थी। दर्शकों की भीड़ भी कम न थी। गजराज बैठ गया, सीढ़ियों से महाराज उतरे। सौभाग्यवती और कुमारी सुन्दरियों के दो दल, आम्र पल्लवों से सुशोभित मंगल कलश और फूल, कुमकुम तथा खीलों से भरे थाल लिए, मधुर गान करते हुए आगे बढ़े।

महाराज के मुख पर मधुर मुस्कान थी। पुरोहित वर्ग ने स्वस्त्ययन किया। स्वर्ण-रंजित हल की मूठ पकड़कर महाराज ने जुते हुए सुन्दर पुष्ट बैलों को चलने का संकेत किया। बाजे बजने लगे। किशोरी कुमारियों ने खीलों और फूलों की वर्षा की।

कोशल का यह उत्सव प्रसिद्ध था। एक दिन के लिए महाराज को कृषक बनना पड़ता-उस दिन इन्द्र-पूजन की धूमधाम होती, गोठ होती। नगर-निवासी उस पहाड़ी भूमि में आनन्द मनाते। प्रतिवर्ष कृषि का यह महोत्सव उत्साह से सम्पन्न होता; दूसरे राज्यों से भी युवक राजकुमार इस उत्सव में आकर बड़े चाव से योग देते थे।

मगध का एक राजकुमार अरुण अपने रथ पर बैठा बड़े कौतूहल से यह दृश्य देख रहा था।

बीजों का एक थाल लिए कुमारी मधूलिका महाराज के साथ थी। बीज बोते हुए महाराज जब हाथ बढ़ाते तब मधूलिका उनके सामने थाल कर देती। यह खेत मधूलिका का था, जो इस साल महाराज की खेती के लिए चुना गया था। इसलिए बीज देने का सम्मान मधूलिका ही को मिला। वह कुमारी थी, सुन्दरी थी, कौषेय

वसन उसके शरीर पर इधर-उधर लहराता हुआ स्वयं शोभित हो रहा था। वह कभी उसे सँभालती और कभी अपने रूखे अलकों को। कृषक-बालिका के शुभ्र भाल पर श्रमकणों की भी कमी न थी। वे सब बरौनियों में गूँथे जा रहे थे। सम्मान और लज्जा उसके अधरों पर मन्द मुस्कराहट के साथ सिहर उठते, किन्तु महाराज को बीज देने में उसने शिथिलता न दिखाई। सब लोग महाराज का हल चलाना देख रहे थे—विस्मय से, कौतूहल से। और अरुण देख रहा था—कृषक-कुमारी मधूलिका को। आह, कितना भोला सौन्दर्य। कितना सरल चितवन।

उत्सव का प्रधान कृत्य समाप्त हो गया। महाराज ने मधूलिका के खेत का पुरस्कार दिया, थाल में कुछ स्वर्ण-मुद्राएँ। वह राजकीय अनुग्रह था। मधूलिका ने थाली सिर से लगा ली, किन्तु साथ ही उसमें की स्वर्ण मुद्राओं को राजा पर न्यौछावर करके बिखेर दिया। मधूलिका की उस समय की ऊर्जस्वित मूर्ति लोग आश्चर्य से देखने लगे। महाराज की भृकुटि भी जरा चढ़ी ही थी कि मधूलिका ने सविनय कहा—

"देव यह मेरे पिता-पितामहों की भूमि है। इसे बेचना अपराध है, इसलिए मूल्य स्वीकार करना मेरी सामर्थ्य के बाहर है।"

महाराज के बोलने के पहले ही वृद्ध मन्त्री ने तीखे स्वर से कहा—"अबोध! क्या बक रही है? राजकीय अनुग्रह का तिरस्कार! तेरी भूमि से चौगुना मूल्य है; फिर कोसल का यह सुनिश्चित राजकीय नियम है। तू आज से राजकीय रक्षण पाने की अधिकारिणी हुई; इस धन से अपने को सुखी बना।"

"राजकीय रक्षण की अधिकारिणी तो प्रजा है, मन्त्रिवर!... महाराज को भूमि-समर्पण करने में तो मेरा कोई विरोध नहीं था और न है, किन्तु मूल्य स्वीकार करना असम्भव है।" मधूलिका उत्तेजित हो उठी थी।

महाराज के संकेत करने पर मन्त्री ने कहा—"देव वाराणसी-युद्ध के अन्यतम वीर सिंहमित्र की यह एक मात्र कन्या है।" महाराज चौक उठे—"सिंहमित्र की कन्या! जिसने मगध के सामने कोसल की लाज रख ली थी, मधूलिका उसी वीर की कन्या है?"

"हाँ, देव!" सविनय मन्त्री ने कहा।

"इस उत्सव का परम्परागत नियम क्या है; मन्त्रिवर?" महाराज ने पूछा।

"देव, नियम तो बहुत साधारण हैं। किसी भी अच्छी भूमि को इस उत्सव के लिए चुनकर, नियमानुसार पुरस्कार-स्वरूप उसका मूल्य दे दिया जाता है। वह भी अनुग्रहपूर्वक; अर्थात् भूसम्पत्ति का चौगुना मूल्य उसे मिलता है। उस खेती को वही व्यक्ति वर्ष-भर देखता है। वह राजा का खेत कहा जाता है।"

महाराज को विचार-संघर्ष से विश्राम की अत्यन्त आवश्यकता थी। महाराज चुप रहे। जय-घोष के साथ उत्सव समाप्त हुआ। सब अपने-अपने शिविरों में चले गये। किन्तु मधूलिका को उत्सव में फिर किसी ने न देखा। वह अपने खेत की सीमा पर,

विशाल मधूक वृक्ष के चिकने हरे पत्तों की छाया में, अनमनी, चुपचाप बैठी रही।

रात्रि का उत्सव अब विश्राम ले रहा था। राजकुमार अरुण उसमें सम्मिलित नहीं हुआ—वह अपने विश्राम-भवन में जागरण कर रहा था। आँखों में नींद न थी। प्राची में जैसी गुलाली खिल रही थी, वही रंग उसकी आँखों में था। सामने देख तो मुंडेर पर कपोती, एक पैर पर खड़ी, पंख फैलाए अँगड़ाई ले रही थी। अरुण उठ खड़ा हुआ। द्वार पर सुसज्जित अश्व था। वह देखते-देखते नगर-तोरण पर जा पहुँचा। रक्षकगण ऊँघ रहे थे। वे अश्व के पैरों के शब्द से चौंक उठे।

युवक कुमार तीर-सा निकल गया। सिन्धु देश का तुरंग प्रभात के पवन से पुलकित हो रहा था। घूमता-घूमता अरुण उसी मधूक वृक्ष के नीचे पहुँचा, जहाँ मधूलिका अपने हाथ पर सिर धरे हुए, खिन्न निद्रा का सुख ले रही थी।

अरुण ने देखा, एक छिन्न माधवी लता वृक्ष की शाखा से च्युत होकर पड़ी है। सुमन मुकुलित थे, भ्रमर निष्पन्द। अरुण ने अपने अश्व को मौन रहने का संकेत किया, उस सुषमा को देखने के लिए। तुरन्त कोकिल बोल उठी। उसने अरुण से प्रश्न किया, "छिः कुमारी के सोये हुए सौन्दर्य पर दृष्टिपात करने वाले धृष्ट तुम कौन?" मधूलिका की आँखें खुल पड़ीं। उसने देखा, एक अपरिचित युवक। वह संकोच से उठ बैठी। "भद्रे! तुम्हीं न कल के उत्सव की संचालिका रही हो?"

"उत्सव! हाँ, उत्सव ही तो था।"

"कल उस सम्मान..."

"क्यों आपको कल का स्वप्न सता रहा है? भद्र! आप क्या मुझे इस अवस्था में सन्तुष्ट न रहने देंगे?"

"मेरा हृदय तुम्हारी उस छवि का भक्त बन गया है, देवि!"

"मेरे उस अभिनय का—मेरी विडम्बना का? आह! मनुष्य कितना निर्दय है। अपरिचित, क्षमा करो। जाओ अपने मार्ग।"

"सरलता की देवि! मैं मगध का राजकुमार तुम्हारे अनुग्रह का प्रार्थी हूँ—मेरे हृदय की भावना अवगुंठन में रहना नहीं जानती। उसे अपनी...।"

"राजकुमार! मैं कृषक-बालिका हूँ आप नन्दनविहारी और मैं पृथ्वी पर परिश्रम करके जीने वाली। आज मेरी स्नेह की भूमि पर से मेरा अधिकार छीन लिया गया है। मैं दुख से विकल हूँ। मेरा उपहास न करो।"

"मैं कोसल-नरेश से तुम्हारी भूमि दिलवा दूँगा।"

"नहीं, वह कोसल का राष्ट्रीय नियम है। मैं उसे बदलना नहीं चाहती, चाहे उससे मुझे कितना ही दुःख हो।"

"तब तुम्हारा रहस्य क्या है?"

"यह रहस्य मानव हृदय का है, मेरा नहीं। राजकुमार नियमों से यदि मानव-हृदय बाध्य होता, तो आज मगध के राजकुमार का हृदय किसी राजकुमारी की ओर न खिंच

कर, एक कृषक-बालिका का अपमान करने न आता।" मधूलिका उठ खड़ी हुई।

चोट खाकर राजकुमार लौट पड़ा। किशोर किरणों में उसका रत्नकिरीट चमक उठा। अश्व वेग से चला जा रहा था। और मधूलिका निष्ठुर प्रहार करके क्या स्वयं आहत न हुई? उसके हृदय में टीस-सी होने लगी। वह सजल नेत्रों से, उड़ती हुई धूल देखने लगी।

X X X

मधूलिका ने राजा का प्रतिदान, अनुग्रह नहीं लिया। वह दूसरे खेतों में काम करती और चौथे पहर रूखी-सूखी खाकर पड़ रहती। मधूक के वृक्ष के नीचे एक छोटी-सी पर्ण-कुटीर थी। सूखे डंठलों से उसकी दीवार बनी थी। मधूलिका का वही आश्रम था। कठोर परिश्रम से जो रूखा अन्न मिलता, वही उसकी साँसों को बढ़ाने के लिए पर्याप्त था। दुबली होने पर भी उसके अंग पर तपस्या की क्रान्ति थी। आसपास के कृषक उसका आदर करते। वह एक आदर्श बालिका थी। दिन, सप्ताह, महीने और वर्ष बीतने लगे।

शीतकाल की रजनी, मेघों से भरा आकाश, जिसमें बिजली की दौड़-धूप मधूलिका का छाजन टपक रहा था, ओढ़ने की कमी थी। वह ठिठुरकर एक कोने में बैठी थी। मधूलिका अपने अभाव को आज बढ़ाकर सोच रही थी। जीवन से सामंजस्य बनाए रखने वाले उपकरण तो अपनी सीमा निर्धारित रखते हैं, परन्तु उनकी आवश्यकता और कल्पना भावना के साथ बढ़ती-घटती रहती है। आज बहुत दिनों पर उसे बीती हुई बात स्मरण हुई—दो, नहीं-नहीं, तीन वर्ष हुए होंगे, इसी मधूक के नीचे, प्रभात में—तरुण राजकुमार ने क्या कहा था?

वह अपने हृदय से पूछने लगी—उन चाटुकारी के शब्दों को सुनने के लिए, उत्सुक-सी वह पूछने लगी—क्या कहा था? दुख-दग्ध हृदय उन स्वप्न-सी बातों को स्मरण रख सकता था। और स्मरण ही होता, तो भी कष्टों की इस काली निशा में वह कहने का साहस करता। हाय री विडम्बना!

आज मधूलिका उस बीते हुए क्षण को लौटा लेने के लिए विकल थी। दारिद्र्य की ठोकरों ने उसे व्यथित और अधीर कर दिया है। मगध की प्रासाद-माला के वैभव का काल्पनिक चित्र—उन सूखे डंठलों की रंध्रों से, नभ में बिजली के आलोक में—नाचता हुआ दिखाई देने लगा। खिलवाड़ी शिशु जैसे श्रवण की सन्ध्या में जुगनू को पकड़ने के लिए हाथ लपकाता है, वैसे ही मधूलिका 'वह अभी निकल गया' मन-ही-मन कह रही थी वर्षा ने भीषण रूप धारण किया। गड़गड़ाहट बढ़ने लगी। ओले पड़ने की सम्भावना थी। मधूलिका अपनी जर्जर झोंपड़ी के लिए काँप उठी। सहसा बाहर कुछ शब्द हुआ—

"कौन है यहाँ? पथिक को आश्रय चाहिए।"

मधूलिका ने डंठलों का कपाट खोल दिया। बिजली चमक उठी। उसने देखा, एक पुरुष घोड़े की डोर पकड़े खड़ा है। वह सहसा चिल्ला उठी, "राजकुमार!"

"मधूलिका?" आश्चर्य से युवक ने कहा।

एक क्षण के लिए सन्नाटा छा गया। मधूलिका अपनी कल्पना को सहसा प्रत्यक्ष देखकर चकित हो गयी—"इतने दिनों के बाद आज फिर।"

अरुण ने कहा—"कितना समझाया मैंने—परन्तु..."

मधूलिका अपनी दयनीय अवस्था पर संकेत करने देना नहीं चाहती थी। उसने कहा—"और आज आपकी यह क्या दशा है?"

सिर झुकाकर अरुण ने कहा—"मैं मगध का विद्रोही, निर्वासित, कोसल में जीविका खोजने आया हूँ।"

मधूलिका उस अन्धकार में हँस पड़ी—"मगध के विद्रोही राजकुमार का स्वागत करे एक अनाथिनी कृषक-बालिका। यह भी एक विडम्बना है। तो भी मैं स्वागत के लिए प्रस्तुत हूँ।"

X X X

शीतकाल की निस्तब्ध रजनी, कुहरे से धुली हुई चाँदनी, हाड़ कँपा देने वाला समीर, तो भी अरुण और मधूलिका दोनों पहाड़ी गह्वर के द्वार पर वट वृक्ष के नीचे बैठे हुए बातें कर रहे हैं। मधूलिका की वाणी में उत्साह था, किन्तु अरुण जैसे अत्यन्त सावधान होकर बोलता।

मधूलिका ने पूछा—"जब तुम इतनी विपन्न अवस्था में हो, तो फिर इतने सैनिकों को साथ रखने की क्या आवश्यकता?"

"मधूलिका! बाहुबल ही तो वीरों की आजीविका है। ये मेरे जीवन-मरण के साथी हैं। भला मैं इन्हें कैसे छोड़ देता? और करता ही क्या?"

"क्यों? हम लोग परिश्रम से कमाते और खाते हैं। अब तो तुम..."

"भूल न करो, मैं अपने बाहुबल पर भरोसा करता हूँ। नये राज्य की स्थापना कर सकता हूँ। निराश क्यों हो जाऊँ?" अरुण के शब्दों में कम्पन था; वह जैसे कहना चाहता था, पर कह न सकता था।

"नवीन राज्य! ओहो तुम्हारा उत्साह तो कम नहीं। भला कैसे? कोई ढंग बताओ तो कल्पना का आनन्द ले लूँ।"

"कल्पना का आनन्द नहीं मधूलिका, मैं तुम्हें राजधानी के सम्मान में सिंहासन पर बिठाऊँगा। तुम अपने छिने हुए खेत की चिन्ता करके भयभीत न हो।"

एक क्षण में सरला मधूलिका के मन में प्रमाद का अधड़ बहने लगा—अन्तद्वन्द्व मच गया। उसने सहसा कहा—"आह, मैं सचमुच आज तक तुम्हारी प्रतीक्षा करती थी, राजकुमार।"

अरुण ढिठाई से उसके हाथों को दबाकर बोला—"तो मेरा भ्रम था, तुम सचमुच मुझे प्यार करती हो?"

युवती का वक्षस्थल फूल उठा, वह हाँ भी न कर सकी, ना भी नहीं। अरुण ने उसकी अवस्था का अनुभव कर लिया। कुशल मनुष्य के समान उसने अवसर को हाथ से न जाने दिया। तुरन्त बोल उठा—"तुम्हारी इच्छा हो तो प्राणों से पण लगाकर, मैं तुम्हें इसी कोसल-सिंहासन पर बिठा दूँ। मधूलिका, अरुण के खड्ग का आतंक देखोगी?" मधूलिका एक बार काँप उठी। वह कहना चाहती थी—नहीं, किन्तु उसके मुँह से निकला, "क्या?"

"सत्य मधूलिका, कोसल-नरेश तभी से तुम्हारे लिए चिन्तित हैं। यह मैं जानता हूँ, तुम्हारी साधारण-सी प्रार्थना वे अस्वीकार न करेंगे। और मुझे यह भी विदित है कि कोसल सेनापति अधिकांश सैनिकों के साथ पहाड़ी शत्रुओं का दमन करने के लिए बहुत दूर चले गये हैं।"

मधूलिका की आँखों के आगे बिजलियाँ हँसने लगीं। दारुण भावना से उसका मस्तक विकृत हो उठा। अरुण ने कहा—"तुम बोलती नहीं हो?"

"जो कहोगे वही करूँगी।" मन्त्र-मुग्ध-सी मधूलिका ने कहा।

X X X

स्वर्ण-मंच पर कोसल नरेश अर्द्ध-निद्रित अवस्था में आँखे मुकुलित किये, एक चामरधारिणी युवती पीछे खड़ी अपनी कलाई बड़ी कुशलता से घुमा रही है। चामर के शुभ्र आन्दोलन उस प्रकोष्ठ में धीरे-धीरे संचालित हो रहे हैं। ताम्बूल-वाहिनी प्रतिमा के समान वह दूर खड़ी है।

प्रतिहारी ने आकर कहा—"जय हो देव! एक स्त्री कुछ प्रार्थना करने आयी है।"

आँख खोलते हुए महाराज ने कहा—"स्त्री! प्रार्थना करने आयी है? आने दो।"

प्रतिहारी के साथ मधूलिका आयी। उसने प्रणाम किया। महाराज ने स्थिर दृष्टि से उसकी ओर देखा और कहा—"तुम्हें कहीं देखा है?"

"तीन बरस हुए देव! मेरी भूमि खेती के लिए ली गयी थी।"

"ओह, तो तुमने इतने दिन कष्ट में बिताये। आज उसका मूल्य माँगने आयी हो, क्यों? अच्छा-अच्छा, तुम्हें मिलेगा। प्रतिहारी!"

"नहीं महाराज, मुझे मूल्य नहीं चाहिए।"

"मूर्ख! फिर क्या चाहिए?"

"उतनी ही भूमि, दुर्ग के दक्षिणी नाले के समीप की जंगली भूमि। वहीं मैं अपनी खेती करूँगी। मुझे एक सहायक मिल गया है। वह मनुष्यों से मेरी सहायता करेगा; भूमि को समतल भी बनाना होगा।"

महाराज ने कहा—"कृषक बालिके! वह बड़ी ऊबड़-खाबड़ भूमि है। तिस पर

वह दुर्ग के समीप एक सैनिक महत्त्व रखती है।"

"तो फिर निराश लौट जाऊँ?"

"सिंहमित्र की कन्या! मैं क्या करूँ? तुम्हारी यह प्रार्थना... ।"

"देव! जैसी आज्ञा हो।"

"जाओ, तुम श्रमजीवियों को उसमें लगाओ। मैं अमात्य को आज्ञा-पत्र देने का आदेश करता हूँ।"

"जय हो देव!" कहकर प्रणाम करती हुई मधूलिका राज-मन्दिर के बाहर आयी।

X X X

दुर्ग के दक्षिण, भयावने नाले के तट पर घना जंगल है। आज वहाँ मनुष्यों के पद संचार से शून्यता भंग हो रही थी। अरुण के छिपे हुए मनुष्य स्वतन्त्रता से इधर-उधर घूमते थे। झाड़ियों को काटकर पथ बन रहा था। नगर दूर था; फिर उधर यों ही कोई नहीं आता था। फिर अब तो महाराज की आज्ञा से वहाँ मधूलिका का अच्छा-सा खेत बन रहा था। तब इधर की किसको चिन्ता होती?

एक घने कुंज में अरुण और मधूलिका एक-दूसरे को हर्षित नेत्रों से देख रहे थे। सन्ध्या हो चली थी। उस निविड़ वन में उन नवागत मनुष्यों को देखकर पक्षी-गण अपने नीड़ को लौटते हुए अधिक कोलाहल कर रहे थे।

प्रसन्नता से अरुण की आँखें चमक उठीं। सूर्य की अन्तिम किरणें झुरमुट में घुसकर मधूलिका के कपोलों से खेलने लगीं। अरुण ने कहा—"चार पहर और; विश्वास करो; प्रभात में ही इस जीर्ण-कलेवर कोसल-राष्ट्र की राजधानी श्रावस्ती में तुम्हारा अभिषेक होगा। और मगध से निर्वासित मैं, एक स्वतन्त्र राष्ट्र का अधिपति बनूँगा, मधूलिके।"

"भयानक! अरुण, तुम्हारा साहस देखकर मैं चकित हो रही हूँ। केवल सौ सैनिकों से तुम... ।"

"रात के तीसरे पहर मेरी विजय-यात्रा होगी।"

"तो तुमको इस विजय पर विश्वास है?"

"अवश्य। तुम अपनी झोंपड़ी में यह रात बिताओ; प्रभात से तो राज-मन्दिर ही तुम्हारा लीला-निकेतन बनेगा।"

मधूलिका प्रसन्न थी; किन्तु अरुण के लिए उसकी कल्याण-कामना सशंक थी। वह कभी-कभी उद्विग्न-सी होकर बालकों के समान प्रश्न कर बैठती। अरुण उसका समाधान कर देता। सहसा कोई संकेत पाकर उसने कहा—"अच्छा, अन्धकार अधिक हो गया। अभी तुम्हें दूर जाना है और मुझे भी प्राणपण से इस अभियान के प्रारम्भिक कार्यों को अध-रात्रि तक पूरा कर लेना चाहिए; तब रात्रि-भर के लिए विदा, मधूलिके।"

मधूलिका उठ खड़ी हुई। कँटीली झाड़ियों से उलझती हुई क्रम से बढ़ने वाले अन्धकार में वह अपनी झोंपड़ी की ओर चली।

X X X

पथ अन्धकारमय था और मधूलिका का हृदय भी निविड़तम से घिरा था। उसका मन सहसा विचलित हो उठा, मधुरता नष्ट हो गयी। जितनी सुख-कल्पना थी, वह जैसे अन्धकार में विलीन होने लगी। वह भयभीत थी। पहला भय उसे अरुण के लिए उत्पन्न हुआ, यदि वह सफल न हुआ तो? फिर सहसा सोचने लगी—'वह क्यों सफल हो? श्रावस्ती-दुर्ग एक विदेशी के अधिकार में क्यों चला जाये? मगध कोसल का चिरशत्रु! ओह उसकी विजय! कोसल नरेश ने क्या कहा था—'सिंहमित्र की कन्या।' सिंहमित्र कोसल का रक्षक वीर, उसी की कन्या आज क्या करने जा रही है? नहीं, नहीं। 'मधूलिका! मधूलिका!!' जैसे उसके पिता उसे अन्धकार में पुकार रहे थे। वह पगली की तरह चिल्ला उठी! रास्ता भूल गयी।

रात एक पहर बीत चली, पर मधूलिका अपनी झोंपड़ी तक न पहुँची। वह उधेड़-बुन में विक्षिप्त-सी चली जा रही थी। उसकी आँखों के सामने कभी सिंहमित्र और कभी अरुण की मूर्ति अन्धकार में चित्रित हो जाती। उसे सामने आलोक दिखाई पड़ा वह बीच पथ में खड़ी हो गयी। प्रायः एक सौ उल्काधारी अश्वारोही चले आ रहे थे और आगे-आगे एक वीर अधेड़ सैनिक था। उसके बायें हाथ में अश्व की वल्गा और दाहिने हाथ में नग्न खड्ग। अत्यन्त धीरता से वह टुकड़ी अपने पथ पर चल रही थी। परन्तु मधूलिका बीच पथ से हिली नहीं। प्रमुख सैनिक पास आ गया, पर मधूलिका अब भी नहीं हटी। सैनिक ने अश्व रोककर कहा—"कौन?" कोई उत्तर नहीं मिला। तब तक दूसरे अश्वारोही ने कड़ककर कहा, "तू कौन है स्त्री? कोसल के सेनापति को शीघ्र उत्तर दे!"

रमणी जैसे विकार-ग्रस्त स्वर में चिल्ला उठी—"बाँध लो मुझे, बाँध लो! मेरी हत्या करो। मैंने अपराध ही ऐसा किया है।"

सेनापति हँस पड़े। बोले—"पगली है।"

"पगली! नहीं, यदि वही होती तो इतनी विचार-वेदना क्यों होती? सेनापति! मुझे बाँध लो। राजा के पास ले चलो।"

"क्या है? स्पष्ट कह!"

"श्रावस्ती का दुर्ग एक प्रहर में दस्युओं के हस्तगत हो जाएगा। दक्षिणी नाले के पार उनका आक्रमण होगा।"

सेनापति चौंक उठे। उन्होंने आश्चर्य से पूछा—"तू क्या कह रही है?"

"मैं सत्य कह रही हूँ। शीघ्रता करो।"

सेनापति ने अस्सी सैनिकों को नाले की ओर धीरे-धीरे बढ़ने की आज्ञा दी और

स्वयं बीस अश्वारोहियों के साथ दुर्ग की ओर बढ़े। मधूलिका एक अश्वारोही के साथ बाँध दी गयी।

X X X

श्रावस्ती का दुर्ग, कोसल-राष्ट्र का केन्द्र, इस रात्रि में अपने विगत वैभव का स्वप्न देख रहा था। भिन्न राजवंशों ने उसके प्रान्तों पर अधिकार जमा लिया है। अब वह केवल कई गाँवों का अधिपति है। फिर भी उसके साथ कोसल के अतीत की स्वर्ण-गाथाएँ लिपटी हैं। वही लोगों की ईर्ष्या का कारण है। दुर्ग के प्रहरी चौंक उठे, जब थोड़े से अश्वारोही बड़े वेग से आते हुए दुर्ग-द्वार पर रुके। जब उल्का के आलोक में उन्होंने सेनापति को पहचाना, तब द्वार खुला। सेनापति घोड़े की पीठ से उतरे। उन्होंने कहा–"अग्निसेन! दुर्ग में कितने सैनिक होंगे?"

"सेनापति की जय हो! दो सौ।"

"उन्हें शीघ्र एकत्र करो, परन्तु बिना किसी शब्द के। सौ को लेकर तुम शीघ्र ही चुपचाप दुर्ग के दक्षिण की ओर चलो। आलोक और शब्द न हो।"

सेनापति ने मधूलिका की ओर देखा। वह खोल दी गयी। उसे अपने पीछे आने का संकेत कर, सेनापति राज-मन्दिर की ओर बढ़े। प्रतिहारी ने सेनापति को देखते ही महाराज को सावधान किया। वे अपनी सुख-निद्रा के लिए प्रस्तुत हो रहे थे। किन्तु सेनापति और साथ में मधूलिका को देखते ही चंचल हो उठे। सेनापति ने कहा–"जय हो, देव! इस स्त्री के कारण मुझे इस समय उपस्थित होना पड़ा है।"

महाराज ने स्थिर नेत्रों से देखकर कहा–"सिंहमित्र की कन्या, फिर यहाँ क्यों? क्या तुम्हारा क्षेत्र नहीं बन रहा है? कोई बाधा? सेनापति! मैंने दुर्ग के दक्षिण नाले के समीप की भूमि इसे दी है। क्या उसी सम्बन्ध में तुम कहना चाहते हो?"

"देव! किसी गुप्त शत्रु ने उसी ओर से आज रात दुर्ग पर अधिकार कर लेने का प्रबन्ध किया है। और इसी स्त्री ने मुझे पथ में यह सन्देश दिया है।"

राजा ने मधूलिका की ओर देखा। वह काँप उठी। घृणा और लज्जा से वह गड़ी जा रही थी। राजा ने पूछा–"मधूलिका, यह सत्य है?"

"हाँ, देव!"

राजा ने सेनापति से कहा–"सैनिकों को एकत्र करके तुम चलो, मैं अभी आता हूँ।" सेनापति के चले जाने पर राजा ने कहा–"सिंहमित्र की कन्या! तुमने एक बार फिर कोसल का उपकार किया। यह सूचना देकर तुमने पुरस्कार का काम किया है। अच्छा तुम यहीं ठहरो। पहले उन आततायियों का प्रबन्ध कर लूँ।"

X X X

अपने साहसिक अभियान में अरुण बन्दी हुआ और दुर्ग उल्का के आलोक में

अतिरंजित हो गया। भीड़ ने जयघोष किया। सबके मन में उत्साह था। श्रावस्ती दुर्ग आज एक दस्यु के हाथ में जाने से बचा। आबाल-वृद्ध-नारी आनन्द से उन्मत्त हो उठे।

उषा के आलोक में सभा-मंडप दर्शकों से भर गया। बन्दी अरुण को देखते ही जनता ने रोष से हुंकार करते हुए कहा—"वध करो।" राजा ने सबसे सहमत होकर आज्ञा दी—"प्राण-दंड।" मधूलिका बुलायी गयी। वह पागल-सी आकर खड़ी हो गयी। कोसल नरेश ने पूछा—"मधूलिका। तुझे जो पुरस्कार लेना हो, माँग!" वह चुप रही।

राजा ने कहा—"मेरे निज की जितनी खेती है, मैं सब तुझे देता हूँ।" मधूलिका ने एक बार बन्दी अरुण की ओर देखा। उसने कहा—"मुझे न चाहिए।" अरुण हँस पड़ा। राजा ने कहा—"नहीं, मैं तुझे अवश्य दूँगा, माँग ले।"

"तो मुझे भी प्राण-दंड मिले।" कहती हुई वह बन्दी अरुण के पास जा खड़ी हुई।

नारंगियाँ

– अज्ञेय

उस दिन जब मोहल्लेवालों ने देखा कि हरसू ने मोहल्ले के बाहर की, नाम को पक्की, पर वास्तव में धूल भरी सड़क पर पुआल और बोरियों का टुकड़ा बिछाकर उस पर नारंगियाँ सजाकर दुकान कर ली है, तो सब के सब विस्मय से ताकते रह गये। हरसू और दुकान!

जब से हरसू और परसू दोनों भाई अचानक आकर मोहल्ले के सिरे की पुरानी दीवार की एक मेहराब के नीचे घर बनाकर जम गये थे, तब से किसी ने उनको काम करते हुए या काम की तलाश भी करते हुए कभी नहीं देखा था। रिफ्यूजी दूसरे मोहल्लों की तरह इस मोहल्ले में भी अनेकों आये थे, लेकिन सभी बहुत जल्द कोशिश में जुट गये थे कि वे 'शरणार्थी' न रहकर 'पुरुषार्थी' कहलाने के अधिकारी हो जाएँ। सभी ने कुछ न कुछ जुगत कर ली थी या गुजर-बसर का कोई वसीला निकाल लिया था। लेकिन हरसू और परसू ज्यों के त्यों बने हुए थे। किसी ने उन्हें कभी भीख माँगते नहीं देखा, चोरी करते भी कम से कम देखा तो कभी नहीं, यद्यपि यह सब समझते थे कि दोनों भाई अगर कुछ लेकर नहीं आये हैं और कुछ कमाते भी नहीं हैं तो चोरी के बिना कैसे काम चलता होगा! हाँ, चोर जैसे वे दीखते भी नहीं थे, किसी के सामने उनकी आँखें नीची नहीं होती थीं और दोनों का बर्ताव कुछ ऐसा शालीनता-भरा होता था कि किसी को कुछ पूछने का साहस भी नहीं होता था।

शालीनता के स्तर में कुछ गिराव कभी दीखता था तो दोनों भाइयों के आपस के व्यवहार में। यह नहीं कि वे आपस में लड़ते-झगड़ते थे—इतना ही कि परसू हमेशा हरसू को ताने देता रहता था या जैसे भी सम्भव हो कोंचता रहता था। हरसू प्रायः दीन-भाव से सब कुछ सह लेता था, लेकिन कभी-कभी वह भी बिना अपना स्वर ऊँचा उठाये जला-भुना उत्तर दे देता था। पछाँही लोगों में ऐसी बातों पर फौरन तू-तड़ाक और मार-पीट की नौबत आ जाती है; और रिफ्यूजी तो और भी आसानी से जिस-तिस पर हाथ छोड़ बैठते हैं, इसलिए मोहल्ले वाले इन दोनों भाइयों के इस तनाव-भरे सह-अस्तित्व पर और भी अचम्भा किया करते थे।

खैर, अब हरसू ने नारंगियों की दुकान लगायी है, और परसू दुकान से कुछ दूर

एक पुलिया पर बैठा हुआ बड़ी अवज्ञा से दुकान की और हरसू की ओर देख रहा है।

एक-एक करके मोहल्ले के दो-चार बच्चे नारंगियों की दुकान के आस-पास इकट्ठे हो गये हैं। नारंगियों का आकर्षण तो है ही, लेकिन उससे अधिक इस बार का कौतूहल कि दुकान हरसू की है।

एक छोटी लड़की दूसरों से कुछ आगे बढ़कर, एक हाथ से अपने झबले का छोर उठाकर मुँह में खोंसती हुई दूसरे हाथ से मानो अतर्कित भाव से नारगिंयों की ओर इशारा करती है, और फिर हाथ समेटकर टुकुर-टुकुर हरसू की ओर देखने लगती है।

"लेगी?" हरसू पूछता है।

लड़की कुछ उत्तर दे, इससे पहले परसू बड़बड़ाता है, "हाँ, दे दे, दुकान उठाकर दे दे उसको। क्या ऐसे ही दुकान चलाएगा?"

हरसू भाई की बात को अनसुनी-सा करता हुआ लड़की से कहता है; "लेगी, तो जा घर से पैसे ले आ। चार-चार पैसे की एक है।"

"तो ऐसे दुकान चलायेगा तू। छोटे बच्चों को फुसलाकर घर से पैसे मँगाकर मुनाफा करेगा। बच्चों को बिगाड़ते शर्म नहीं आती?"

भाइयों में झगड़ा हो रहा है या नहीं, बच्चों की समझ में नहीं आता। क्योंकि ऐसे सम-स्वर से और तटस्थ भाव से झगड़ा होते उन्होंने कभी देखा नहीं है। लेकिन वातावरण में कहीं पर तनाव है, यह वे समझते हैं। लड़की एक बार हरसू और एक बार परसू की ओर देखती है और रुआँसी-सी हो जाती है।

हरसू एक क्षण के लिए उसकी ओर देखता है और फिर दो नारंगियाँ उठाकर वह लड़की को दे देता है।

"ले, रो मत, ले जा। पैसे जब होंगे तब दे देना—नहीं तो न सही।"

परसू असम्पृक्त भाव से आकाश की ओर देख रहा है, मानो उसने यह देखा न हो, न उसे इस सबसे कोई मतलब हो। लेकिन वही समस्वर कहता है, "हाँ-हाँ, बाप का माल है, दे दो। कल देखूँगा, कहाँ से और माल लाएगा और दुकान चलाएगा। बड़ा फैयाजी दिखाने चला है। सब साले रिफ्यूजी जैसे घर के नवाब होते हैं।"

हरसू एक बार भाई की ओर देखता है और फिर चुप लगा रहता है। लड़की चली जाती है।

बोरिया झाड कर फिर बिछा दिया गया है। नारंगियाँ कपड़े से रगड कर चमका दी गयी हैं। ऊपर नीम की पत्तियों की हलकी सरसराहट सुनते हुए हरसू सोचता है, उसका दिन इसी के सहारे जैसे-तैसे कट जाएगा।

नारंगियों के आस-पास दो चार बच्चे फिर इकट्ठे हो गये हैं। नारंगियों का चाव तो चिरन्तन है, दुकान के नयेपन का कौतूहल भी अभी मिटा नहीं है।

"भीड़ क्यों करते हो बच्चो, नारंगियाँ लेनी हों तो घर जाकर पैसे ले आओ।"

परसू अपनी पुलिया पर से सुन रहा है। देखने की जरूरत उसे नहीं है। वह मानो अतीन्द्रिय चक्षुओं से सब कुछ देख लेता है। बल्कि सब कुछ पहले से ही उसका देखा-दिखाया है। व्यंग्य की एक रेखा उसके होठों को तिरछा कर जाती है, बस इतना हरसू देख लेता है। परसू जानता है कि वह देख लेगा—उसके द्वारा देखी जाने के लिए ही वह वहाँ तक लायी गयी है।

बच्चों की टोली में से दो-एक अलग होकर चले जाते हैं। थोड़ी देर बाद एक लौटकर आता है। उसकी चाल ही बता रही है कि उसकी मुट्ठी में इकन्नी है। उसके पीछे-पीछे छह और अधनंगे बच्चे चले आते हैं, और वे भी जानते हैं कि उनके अगुआ की मुट्ठी में पैसे हैं। पैसों से उन्हें कोई सरोकार नहीं है, लेकिन अगुआ की मुट्ठी का पैसा आगे जो काम कर सकता है, उसमें उनकी दिलचस्पी जरूर है।

इकन्नी और नारंगी का विनिमय हो जाता है। बच्चा विजय से भरा हृदय और नारंगी से भरी मुट्ठी लिए हुए एक ओर हटकर नारंगी छीलकर खाने लगता है।

दुकान पर जो करिश्मा होने वाला था वह हो चुका, और वहाँ अब देखने को कुछ नहीं है। दूसरे बच्चों की आँखें हरसू की साबुत नारंगियों से हटकर अगुआ के हाथ की छिलती हुई नारंगी पर अटक जाती है। कैसे उस नारंगी से फाँक अलग होती है और धीरे-धीरे उठकर अगुआ के मुँह में चली जाती है, कभी इधर-उधर नहीं जाती, यह कितना बड़ा अचरज है।

परसू गरदन जरा एक ओर को मोड़कर कहता है, "अबे इन सबको भी कह न, घर जाकर पैसे ले आएँ। गाड़कर रखे होंगे पैसे इन्होंने, सब लाकर तुझे दे देंगे।"

हरसू तिलमिलाकर बच्चों से कुछ कहने को होता है, लेकिन फिर रुक जाता है। एक बार बच्चों को सिर से पैर तक देखता है और आँखें झुका लेता है। बच्चे अधनंगे हैं, इसका ठीक अर्थ अब उसके मन में बैठता है—इस मोहल्ले में बच्चों को निचले आधे शरीर में तो यों भी कुछ पहनाने का रिवाज नहीं है, इसलिए अधनंगे का मतलब यही हो सकता है कि ऊपर का आधा शरीर भी ढका नहीं है। हरसू आँखें झुकाये गट् से थूक का एक घूँट निगलता है। थूक का स्वाद कुछ नहीं होना चाहिए, पर हरसू के लिए वह घूँट कितना कड़वा है, यह उसके दबे होठों से दीख जाता है।

हरसू और परसू की खींचातानी की ओर बच्चों का ध्यान नहीं है। वे एकटक फाँक-फाँक गायब होने वाली नारंगी के अचरज को ही देख रहे हैं।

परसू कानूनी आँख से हरसू को देखता है, मानो उसे तौल रहा हो। फिर मुँह बच्चों की ओर फेर लेता है।

"लड़के, अपने साथियों को भी एक-एक फाँक दे दे।" अगुआ की ओर उन्मुख होकर परसू का स्वर कुछ कम रूखा हो गया है, "साथियों के साथ बाँटकर खाना चाहिए।"

अगुआ अगुआ है, और इस वक्त नारंगी का मालिक भी है। परसू की ओर देख

कर उद्धत स्वर से कहता है, "क्यों दे दूँ? मैंने पैसे देकर नहीं खरीदी?"

परसू वहीं पुलिया पर लेटे-लेटे मुँह दूसरी ओर कर के थूकता है। "अबे हरसू, सुनीं नवाबजादे की बातें। पैसे देकर खरीदी! पैसा तेरे बाप ने कहाँ से खरीदा है भला?" लेकिन फिर परसू का स्वर कुछ धीमा होकर मानो भीतर को मुड़ जाता है। "लेकिन बच्चे को क्या डाँटना! बाप मिलता तो पूछता, कहाँ से ब्लैक करके कमाया है पैसा, और क्यों लड़के को अभी से ऐसा कमीनापन सिखाया है।" फिर कुछ रुक कर, बदले हुए स्वर में, "अबे हरसू तू ही दे दे न सबको एक-एक नारंगी–देख, बेचारे-से मुँह तक रहे हैं! बच्चों को बेबसी सिखाना अच्छा नहीं होता।"

हरसू अचकचाकर भाई की ओर देखता है। बात निस्सन्देह उसी से कही गयी है, लेकिन उसमें एक ऐसा अलगाव है कि उसका जवाब कोई भी दे दे–या न भी दे–परसू को कोई फर्क नहीं पड़ेगा। हरसू जरा साहस बटोरकर कहता है, "कहाँ से दे दूँ सब को? फिर तू ही कहता है कि दुकान कैसे चलेगी और कल को माल कहाँ से खरीदकर लाऊँगा।"

"अबे, बस, यही है तेरा रिफ्यूजी का जिगरा? अबे, जानता नहीं, हम सब लोग पीछे बड़ी-बड़ी जायदादें छोड़कर आये हैं। और देखता नहीं, यहाँ भी कितनों ने फिर जायदादें खड़ी कर ली हैं? तू ही बता, पहली बार नारंगी खरीदने को पैसा कहाँ से आया था–या कि नारंगियाँ तेरे साथ माँ की कोख से जनमी थीं?"

हरसू चुप है। चुप में सौ विरोध समा जाते हैं। बोलते कुछ बनता नहीं है।

"अबे, दे दे न नारंगी–उन्हें ऐसे देखते देख तुझे तरस नहीं आता–शरम नहीं आती? तू इनसान का बेटा है..."

"तरस तो आता है परसू... पर पैसा कहाँ से आयेगा?"

"चल, पैसे मैं देता हूँ–खिला सबको नारंगियाँ परसू!" लेटे से आधा-आधा बैठा होकर अपनी फटी जेब टटोलता है और एक अठन्नी निकालकर हरसू की ओर फेंकता है।

हरसू चुपचाप छह नारंगियाँ उठाकर एक-एक कर बच्चों को बाँट देता है। बच्चे झिझकते हुए हाथ बढ़ाकर ले लेते हैं। क्षण-भर अँजुली भरे-भरे अचकचाये-से कभी हरसू की ओर और कभी नारंगी की ओर देखते हैं, और फिर धीरे-धीरे खाने लगते हैं। हरसू टाट के नीचे से टटोलकर एक दुअन्नी निकालता है और परसू की ओर बढ़ाता है, "यह ले अपनी बाकी।"

"क्या?" परसू अजनबी-सा कहता है। "मेरी बाकी कैसी?"

"तू ने अठन्नी दी थी, दो आने बाकी तेरे बचे कि नहीं?"

"मेरे दो आने। हुँह! मेरे दो आने! मेरे बाप के हैं! जा, ये भी उस छोकरे को दे दे जो अपने पैसे से नारंगी खरीदता है, कह दे उसे जाकर यह भी अपने बाप को दे दे।"

हरसू दबे स्वर से कहता है, "उसने क्या बिगाड़ा है, वह तो बच्चा है; बाप जैसा हो..."

"हाँ, बे, ठीक कहता है तू। अच्छा, तो रख, सिगरेट-पानी कर लेना। या नहीं, आगे भी तो ऐसे बच्चे आएँगे—उन्हें दे देना। नहीं तो दुकान तेरी कैसे चलेगी? लोग भी क्या कहेंगे कि रिफ्यूजी बच्चा दुकान करने लगा तो दिल-आत्मा भी बेचकर खा गया।"

हरसू बोला, "तो तेरे दो आनों से सदावर्त चल जाएगा? और दो नारंगियाँ खिला दूँगा, फिर..."

"अरे तो हम मर तो नहीं गये हैं। साले, रिफ्यूजी बनकर आया है, तो हौसला रखना सीख। दिल बढ़ने से कोई नहीं मरता, उसके सिकुड़ने से ही मरते हैं सब—डॉक्टर साले चाहे जो बकवास करते रहें।"

हरसू दुकान करता है, आज उसने सात नारंगियाँ बेची हैं और माल के सात आने के अलावा दो आने घेलुए में पाये हैं। उसकी आँखें नारंगियों की तरह गूँगी और घुटी हुई हो गयी हैं और उसके कान नीम की सरसराहट पर अनसुनते टिक गये हैं।

और परसू के पहले कई बार ऐसे भी दिन आये हैं, जब उसकी दोनों जेबों में दो-दो अठन्नियाँ हुई हैं और उसने नहीं जाना कि क्यों, और ऐसे भी, जब किसी जेब में कुछ नहीं है और वह नहीं सोचता कि तो फिर क्या। वह वहीं पुलिया पर फिर लेटकर नीम के ऊपर छाये आसमान की ओर देखने लगता है। आसमान जैसी ही खाली, गहरी और अन्तहीन हैं उसकी आँखें।

वह साँप

– जैनेन्द्र

एक साँप था। वह बहुत जहरीला था, पर उसको इस बात का दुःख था कि वह जहरीला क्यों है।

एक बार एक देव-बालक क्रीड़ा करता हुआ वन में से जा रहा था। देव-बालक को किसी अनर्थ की आशंका न थी। वह किलकारी मारता हुआ उछलता चला जा रहा था, बालक बहुत सुन्दर था। उसका पैर साँप की पूँछ पर पड़ गया।

उसकी पूँछ जो दबी, तो साँप को गुस्सा आ गया। उसने बालक को काट लिया। बालक हँसता-हँसता वहीं धरती पर लोट गया।

साँप ने जाकर उसे सूँघा। बालक की जान निकल गयी थी। साँप ने देखा कि बालक बहुत ही सुन्दर था। उसका मुख अब भी जैसे हँस रहा हो। उस समय साँप को बहुत दुःख हुआ। उस दुःख में दो रोज तक उसको कुछ भी नहीं सूझा। वह बालक को चारों ओर कुण्डलाकार घेरकर बैठा रहा, न हिला न डुला, मानो वह यम के खिलाफ बालक की देह का पहरा देता हो जब शनैः शनैः बालक के मुँह से स्मित-हास की आभा मिटने लगी और शरीर गलने लगा, तव हठात् साँप भी वहाँ से हटा।

उस समय उसने प्रार्थना की कि हे भगवान्! मेरा जहर मुझ में से तू निकाल ले। मैं किसी का अनिष्ट करना नहीं चाहता हूँ। मुझे गुस्सा जरा भी आ जाता है, तब मैं अपने को भूल जाता हूँ। मैं क्या करूँ, किसी की जान लेने की मेरी इच्छा कभी नहीं होती, लेकिन मेरा जरा दाँत लगता है कि उसकी जान चली जाती है। हे भगवान्! तू मेरे जहर के दाँत निकाल ले।

साँप की प्रार्थना सुनकर भगवान ने उस वन में एक सपेरा भेज दिया। उसने जब बीन बजायी, तब साँप सम्मुख आकर फन खोलकर खड़ा हो गया। वह फन हिला-हिलाकर उस बीन की मीठी पुकार पर अपने को दे डालने की इच्छा करता हुआ, मानो पकड़े जाने की प्रतीक्षा में मुग्ध हो रहा।

सपेरा बहुत खुश था। उसने ऐसा सुन्दर, ऐसा बड़ा, ऐसा बलिष्ठ और इतना तेजस्वी साँप कभी नहीं देखा था।

बीन की बैन में उसे लुभाकर धीरे-धीरे सपेरा ने साँप को पकड़कर अपने वश में कर लिया। तब उसने साँप के जहर के दाँत भी खींच निकाले।

साँप ने अनुमति पूर्वक दाँत निकलवा दिये। लेकिन, वेदना में एक बार वह मूर्च्छित हो गया।

उसी मूर्च्छित अवस्था में साँप को अपनी पिटारी में रखकर सपेरा नगर को लौट पड़ा।

साँप की मूर्च्छा जब टूटी तब उसने देखा कि उसका वन कहीं नहीं है। वहाँ तो अँधेरा ही चारों ओर से घिरकर बन्द होता आया है। उसने सरक-सरककर देखा कि चारों ओर उसके रुकावट है और खेलने के लिए कहीं भी निकलने का मार्ग नहीं है।

पहले तो उसने इधर-उधर फन मारे, जैसे विष निकलने के साथ-साथ उसमें से तेज भी निकल गया था। उसने कहा, "हे भगवान्! यह क्या है? तुम्हारा दिया हुआ विष मैंने स्वीकार न करके तुमसे प्रार्थना की कि तुम उसे मुझमें से लौटा लो, सो क्या उसी का यह दण्ड मुझे मिला है कि विष के साथ मेरी सामर्थ्य भी मुझमें से खिंच जाय? हे भगवान्! यह क्या है?"

अगले दिन वहँगी पर टाँगकर सपेरा नगर में साँप का तमाशा दिखाने को चला। साँप के घर पर से जो ढकना खुला तो उसने प्रसन्नता से सिर ऊपर उठाया; किन्तु बाहर बीन बज रही थी; इसलिए उसका उठा हुआ फन हिलकर ही रह गया और प्रसन्नता अपने शैशव में ही मुग्ध हो पड़ी।

जब उसको बाहर निकाला, तो वह यह देखकर चकित हो गया कि चारों ओर से उसे घेरकर बहुत-से-तमाशाई लोग खड़े हैं। विस्मय के बाद इस पर उनका मन क्रोध से भर आया। उसने जोर से फुफकार मारी, फन फैलाया और क्रुद्ध आँखों से चारों ओर देखा।

उसकी इस चेष्टा पर चारों ओर खड़े लोगों में से कुछ बच्चे तो चाहे डरे हों, पर सबको इसमें कुतूहल ही मालूम हुआ। यह देखकर साँप ने धरती पर पटकर अपने फन को और भी चौड़ा कर ऊँचा उठाया, और, और जोर की सिसकारी छोड़ी।

किन्तु दर्शकों का कुतूहल इससे कुछ और बढ़कर ही रह गया, आतंक उनमें तनिक न उपजा।

साँप ने देखा कि उसकी तेजस्विता का तनिक भी सम्मान लोगों में नहीं है इस पर क्षोभ उसके भीतर बल खा-खाकर उभरने और झरने लगा। वह क्षोभ उसे ही खाने लगा। अशक्त, निरुपाय, भीतर ही भीतर जलकर विक्षुब्ध। तब वहीं अपनी पूँछ में मुँह छिपाकर, आँख मूँद धरती पर लोट गया। वह न जग को देखना चाहता था, न दीखना चाहता था। व्यर्थता की अनुभूति से उसके प्राण मानो अपने आप में ही सिक-सिककर, भुन-भुनकर सूखते जाने लगे।

तभी उसकी पूँछ पर जोर की चोट दी गयी। उसने तिलमिलाकर सिसकारी के साथ अपना फन उठाया। वह फन सदा की भाँति प्रशस्त और भयानक था, किन्तु उसने देखा कि भगवान का भेजा हुआ वह सपेरा बीन को अभी अपने मुँह में लगाकर उसे बजा उठा है। और देखा कि वही है, जो चाहता है, कि वह (साँप) चारों ओर एकत्र हुए लोगों को अपने निष्फल, निर्वीर्य आवेश का प्रदर्शन करके दिखाये—हाय।

यह समझकर साँप ने अपना मुँह फिर पूँछ में दुबका लेना चाहा ताकि वह धरती से चिपटा पड़ा रहे; किन्तु सपेरे ने उसके शरीर पर चोट, चोट दी। पराजित, परास्त मुँह दुबकाये लेटे रहने की भी तो लाचारी उसके पाले न रहने दी गयी। नहीं, उसे फन उठाना होगा, वही फन जो कभी भयंकर हो; पर अब खिलौना है जिससे लोग उससे निस्तेज सौन्दर्य और व्यर्थ क्रोध को देखकर बहलें और सपेरे को पैसे दें।

साँप ने अन्त में एकत्रित समूह का मनोरंजन किया ही। इसके सिवा उसे कहीं भी चारा नहीं मिला। लोगों को सन्तुष्ट करके हारा, थका, जी में सन्तप्त और त्रस्त जब वह अपने घर में बन्द हुआ, तब उसके ऊपर सपेरे के मुँह से लगी बीन बज रही थी। और उसके भीतर से उठ रहा था कि हे भगवान्!

इसी भाँति वह सुन्दर वन्य सर्प अपना जहर खोकर, क्रोध में जलकर, निष्फलता की अनुभूति में घुलकर शिथिल, निष्प्राण, निष्परिणाम मृतप्राय होता चला गया। तब तक, जब तक मौत उसे छुटकारा दे।

"तो क्या विष ही मेरा बल था?" साँप सदा सोचा किया, और कहा किया—"हे भगवान्!"

परमात्मा का कुत्ता

– मोहन राकेश

बहुत-से लोग यहाँ-वहाँ सिर लटकाये बैठे थे, जैसे किसी का मातम करने आये हों। कुछ लोग अपनी पोटलियाँ खोलकर खाना खा रहे थे। दो-एक व्यक्ति पगड़ियाँ सिर के नीचे रखकर कम्पाउण्ड के बाहर सड़क के किनारे बिखर गये थे। छोले-कुलचे वाले का रोजगार गरम था, और कमेटी के नल के पास एक छोटा-मोटा क्यू लगा था। नल के पास कुरसी डालकर बैठा अर्जीनवीस धड़ाधड़ अर्जियाँ टाइप कर रहा था। उसके माथे से बहकर पसीना उसके होठों पर आ रहा था, लेकिन उसे पोंछने की फुरसत नहीं थी। सफेद दाढ़ियों वाले दो-तीन लम्बे-ऊँचे जाट अपनी लाठियों पर झुके हुए उसके खाली होने का इन्तजार कर रहे थे। धूप से बचने के लिए अर्जीनवीस ने जो टाट का परदा लगा रखा था, वह हवा से उड़ा जा रहा था। थोड़ी दूर मोढ़े पर बैठा उसका लड़का अंग्रेज़ी प्राइमर का रट्टा लगा रहा था–सी ए टी कैट–कैट माने बिल्ली, बी ए टी बैट–बैट माने बल्ला, एफ ए टी फैट–फैट माने मोटा! ...कमीजों के आधे बटन खोले और बगल में फाइलें दबाये कुछ बाबू एक-दूसरे से छेड़खानी करते रजिस्ट्रेशन ब्रांच से रिकार्ड ब्रांच की तरफ जा रहे थे। लाल बेल्ट वाला चपरासी, आस-पास की भीड़ से उदासीन, अपने स्टूल पर बैठा मन-ही-मन कुछ हिसाब कर रहा था। कभी उसके होठ हिलते थे और कभी सिर हिल जाता था। सारे कम्पाउण्ड में सितम्बर की खुली धूप फैली थी। चिड़ियों के कुछ बच्चे डालों से कूदने और फिर ऊपर को उड़ने का अभ्यास कर रहे थे और कई बड़े-बड़े कौए पोर्च के सिरे से दूसरे सिरे तक चहलकदमी कर रहे थे। एक सत्तर-पचहत्तर की बुढ़िया, जिसका सिर काँप रहा था, चेहरा झुर्रियों के गुंझल के सिवा कुछ नहीं था, लोगों से पूछ रही थी वह अपने लड़के के मरने के बाद उसके नाम एलाट हुई जमीन की हकदार हो जाती है या नहीं।...

अन्दर हाल कमरे में फाइलें धीरे-धीरे चल रही थीं। दो-चार बाबू बीच की मेज के पास जमा होकर चाय पी रहे थे। उनमें से एक दफ़्तरी कागज पर लिखी अपनी ताजा गजल दोस्तों को सुना रहा था, और दोस्त इस विश्वास के साथ सुन रहे थे कि वह जरूर उसने 'शमा' या 'बीसवीं सदी' के किसी पुराने अंक में से उड़ायी है।

"अज़ीज़ साहब, ये शेर आज ही कहे हैं, या पहले कहे हुए शेर आज अचानक याद हो आये हैं?" साँवले चेहरे और घनी मूँछों वाले एक बाबू ने बायीं आँख को जरा-सा दबाकर पूछा। आस-पास खड़े सब लोगों के चेहरे खिल गये।

"यह बिल्कुल ताजा ग़ज़ल है।" अज़ीज़ साहब ने अदालत में खड़े होकर हलफ़िया बयान देने के लहजे में कहा, "इससे पहले भी इसी वजन पर कोई और चीज कही हो तो याद नहीं।" और फिर आँखों से सबके चेहरों को टटोलते हुए हल्की हँसी के साथ बोले, "अपना दीवाना तो कोई रिसर्चदाँ ही मुरत्तब करेगा...।"

एक फरमायशी कहकहा लगा जिसे 'शी-शी' की आवाजों ने बीच में ही दबा लिया। कहकहे पर लगायी गयी इस ब्रेक का मतलब था कि कमिश्नर साहब अपने कमरे में तशरीफ ले आये हैं। कुछ देर का वक्फा रहा, जिसमें सुरजीतसिंह वल्द गुरमीतसिंह की फाइल एक मेज से एक्शन के लिए दूसरी मेज पर पहुँच गयी। सुरजीतसिंह वल्द गुरमीतसिंह मुसकराता हुआ हाल से बाहर चला गया, और जिस बाबू की मेज से फाइल गयी थी, वह पाँच रुपये के नोट को सहलाता हुआ चाय पीने वालों के जमघट में आ शामिल हुआ। अज़ीज़ साहब अब आवाज़ ज़रा धीमी करके गजल का अगला शेर सुनाने लगे।

साहब के कमरे से घण्टी हुई। चपरासी मुस्तैदी से उठकर अन्दर गया, और मुस्तैदी से वापस आकर फिर अपने स्टूल पर बैठ गया।

चपरासी से खिड़की का पर्दा ठीक कराकर कमिश्नर साहब ने मेज पर रखे ढेर-से कागजों पर एक साथ दस्तखत किये और पाइप सुलगाकर रीडर्ज डाइजेस्ट का ताजा अंक बैग से निकाल लिया। लेटीशिया बाल्ड्रिज का लेख कि उसे इतालवी मर्दों से क्यों प्यार है, वे पढ़ चुके थे। और लेखों में हृदय की शल्य-चिकित्सा के सम्बन्ध में जे.डी. रेडक्लिफ का लेख उन्होंने सबसे पहले पढ़ने के लिए चुन रखा था। पृष्ठ एक सौ ग्यारह खोलकर वे हृदय के नये ऑपरेशन का ब्यौरा पढ़ने लगे।

तभी बाहर से कुछ शोर सुनाई देने लगा।

कम्पाउण्ड में पेड़ के नीचे बिखरकर बैठे लोगों में चार नये चेहरे और शामिल हुए थे। एक अधेड़ आदमी था, जिसने अपनी पगड़ी जमीन पर बिछा ली थी और हाथ पीछे करके तथा टाँगें फैलाकर उस पर बैठ गया था। पगड़ी के सिरे की तरफ उससे जरा बड़ी उम्र की एक स्त्री और एक जवान लड़की बैठी थीं; और उनके पास खड़ा एक दुबला-सा लड़का आस-पास की हर चीज़ को घूरती नजर से देख रहा था। अधेड़ मरद की फैली हुई टाँगें धीरे-धीरे पूरी खुल गयी थीं और आवाज इतनी ऊँची हो गयी थी कि कम्पाउण्ड के बाहर से भी बहुत-से लोगों का बयान उसकी तरफ खिंच गया था। वह बोलता हुआ, साथ अपने घुटने पर हाथ मार रहा था : "सरकार वक्त ले रही है? दस-पाँच साल में सरकार फैसला करेगी कि अर्जी मंजूर होनी चाहिए या नहीं। सालो, यमराज भी तो हमारा वक्त गिन रहा है। उधर वह वक्त पूरा होगा

और इधर तुमसे पता चलेगा कि हमारी अर्जी मंजूर हो गयी है।"

चपरासी की टाँगें जमीन पर पुख्ता हो गयीं, और वह सीधा खड़ा हो गया। कम्पाउण्ड में बिखरकर बैठे और लेटे हुए लोग अपनी-अपनी जगह पर कस गये। कई लोग उस पेड़ के पास आ जमा हुए।

"दो साल से अर्जी दे रखी है कि साली, जमीन के नाम पर तुमने मुझे जो गड्ढा एलाट कर दिया है, उसकी जगह कोई दूसरी जमीन दो। मगर दो साल से अर्जी यहाँ के दो कमरे ही पार नहीं कर पायी।" वह आदमी अब जैसे एक मजमे में बैठकर तकरीर करने लगा, "इस कमरे से उस कमरे में अर्जी के जाने में वक्त लगता है! इस मेज से उस मेज तक जाने में भी वक्त लगता है! सरकार वक्त ले रही है! लो, मैं आ गया हूँ, आज यहीं पर अपना सारा घरबार लेकर। ले लो जितना वक्त तुम्हें लेना है...। सात साल की भुखमरी के बाद सालों ने जमीन दी है मुझे—सौ मरले का गड्ढा! उसमें क्या मैं बाप-दादों की अस्थियाँ गाड़ूँगा? अर्जी दी थी कि मुझे सौ मरले की जगह पचास मरले दे दो—लेकिन जमीन तो दो! मगर अर्जी दो साल से वक्त ले रही है। मैं भूखा मर रहा हूँ, और अर्जी वक्त ले रही है।"

चपरासी अपने हथियार लिए हुए आगे आया—माथे पर त्योरियाँ और आँखों में क्रोध। आस-पास की भी भीड़ को हटाता हुआ वह उसके पास आ गया।

"ए मिस्टर, चल हियाँ से बाहर!" उसने हथियारों की पूरी चोट के साथ कहा, "चल...उठ...!"

"मिस्टर आज यहाँ से नहीं उठ सकता।" वह आदमी अपनी टाँगें थोड़ी और चौड़ी करके बोला, "मिस्टर आज यहाँ का बादशाह है। पहले मिस्टर देश के बेताज बादशाहों की जय बुलाता था। अब वह किसी की जय नहीं बुलाता। अब वह खुद यहाँ का बादशाह है...बेताज बादशाह, उसे कोई लाज-शरम नहीं है। उस पर किसी का हुक्म नहीं चलता। समझे, चपरासी बादशाह?"

"अभी तुझे पता चल जायगा कि तुझ पर किसी का हुक्म चलता है या नहीं।" चपरासी बादशाह और गरम हुआ, "अभी पुलिस के सुपुर्द कर दिया जायेगा तो तेरी सारी बादशाही निकल जायेगी।..."

"हा-हा!" बेताज बादशाह हँसा, "तेरी पुलिस मेरी बादशाही निकालेगी? तू बुला पुलिस को। मैं पुलिस के सामने नंगा हो जाऊँगा और कहूँगा कि निकालो मेरी बादशाही। हममें से किस-किसकी बादशाही निकालेगी पुलिस? वे मेरे साथ तीन बादशाह और हैं। यह मेरे भाई की बेवा है—उस भाई की, जिसे पाकिस्तान में टाँगों से पकड़कर चीर दिया गया था। यह मेरे भाई का लड़का है, जो अभी से तपेदिक का मरीज है। और यह मेरे भाई की लड़की है, जो अब ब्याहने लायक हो गयी है। इसकी बड़ी कुँवारी बहन आज भी पाकिस्तान में है। आज मैंने इन सबको बादशाही दे दी है। तू ले आ जाकर अपनी पुलिस, कि आकर इन सबकी बादशाही निकाल

दे। कुत्ता साला!...”

अन्दर से कई एक बाबू निकलकर बाहर आ गये थे। ‘कुत्ता साला’ सुनकर चपरासी आपे से बाहर हो गया। वह तैश में उसे बाँह से पकड़कर घसीटने लगा, “तुझे अभी पता चल जाता है कि कौन साला कुत्ता है। मैं तुझे मार-मारकर...” और उसने अपने टूटे हुए बूट की एक ठोकर दी। स्त्री और लड़की सहमकर वहाँ से हट गयीं। लड़का एक तरफ होकर रोने लगा।

बाबू लोग भीड़ हटाते हुए आगे बढ़ आये और उन्होंने चपरासी को उस आदमी के पास से हटा लिया। चपरासी फिर भी बड़बड़ाता रहा, “कमीना आदमी, दफ्तर में आकर गाली देता है। मैं अभी तुझे दिखा देता कि...!”

“एक तुम्हीं नहीं, वहाँ तुम सबके-सब कुत्ते हो।” वह आदमी कहता रहा। “तुम सब भी कुत्ते हो, और मैं भी कुत्ता हूँ। फर्क इतना है कि तुम लोग सरकार के कुत्ते हो—हम लोगों की हड्डियाँ चूसते हो और सरकार की तरफ से भौंकते हो। मैं परमात्मा का कुत्ता हूँ। उसकी दी हुई हवा खाकर जीता हूँ, और उसकी तरफ से भौकता हूँ। उसका घर इन्साफ़ का घर है। मैं उसके घर की रखवाली करता हूँ। तुम सब उसके इन्साफ की दौलत के लुटेरे हो। तुम पर भौकना हमारा फर्ज है, मेरे मालिक का फरमान है। मेरा तुमसे असली बैर है। कुत्ते का कुत्ता बैरी होता है। तुम मेरे दुश्मन हो, मैं तुम्हारा दुश्मन हूँ। मैं अकेला हूँ इसलिए तुम सब मिलकर मुझे मारो। मुझे यहाँ से निकाल दो। लेकिन मैं फिर भी भौंकता रहूँगा। तुम मेरा भौंकना बन्द नहीं कर सकते। मेरे अन्दर मेरे मालिक का नूर है, मेरे वाहगुरु का तेज है। मुझे जहाँ बन्द कर दोगे, मैं वहाँ भौकूँगा और भौंक-भौंककर तुम सबके कान फाड़ दूँगा। साले, आदमी के कुत्ते, जूठी हड्डी पर मरने वाले कुत्ते, दुम हिला-हिलाकर जीने वाले कुत्ते!...”

“बाबाजी, बस करो।” एक बाबू हाथ जोड़कर बोला, “हम लोगों पर रहम खाओ, और अपनी यह सन्तबानी बन्द करो। बताओ, तुम्हारा नाम क्या है, तुम्हारा केस क्या है...”

“मेरा नाम है, बारह सौ छब्बीस बटा सात। मेरे माँ-बाप का दिया हुआ नाम खा लिया कुत्तों ने! अब यही नाम है जो तुम्हारे दफ्तर का दिया हुआ है। मैं बारह सौ छब्बीस बटा सात हूँ! मेरा और कोई नाम नहीं है। मेरा यह नाम याद कर लो। अपनी डायरी में लिख लो। वाहगुरु का कुत्ता—बारह सौ छब्बीस बटा सात।”

“बाबाजी, आज जाओ। कल या परसों आ जाना। तुम्हारी अर्जी की कार्रवाई तकरीबन पूरी हो चुकी है।...”

“तकरीबन-तकरीबन पूरी हो चुकी है। और मैं खुद भी तकरीबन-तकरीबन पूरा हो चुका हूँ। अब देखना यह है कि पहले कार्रवाई पूरी होती है कि पहले मैं पूरा होता हूँ। एक तरफ सरकार का हुनर है और दूसरी तरफ परमात्मा का हुनर है। तुम्हारा

तकरीबन-तकरीबन अभी दफ्तर में ही रहेगा और मेरा तकरीबन-तकरीबन कफ़न में पहुँच जायेगा। सालों ने सारी पढ़ाई खर्च करके दो लफ़्ज़ ईज़ाद किये हैं—शायद और तकरीबन! शायद आपके कागज ऊपर चले गये हैं—तकरीबन-तकरीबन कार्रवाई पूरी हो चुकी है! शायद से निकालो और तकरीबन में डाल दो। तकरीबन से निकालो और शायद में गर्क कर दो! 'तकरीबन तीन-चार महीने में तहकीकात होगी।... शायद महीने, दो महीने में रिपोर्ट आयेगी।' मैं आज शायद और तकरीबन दोनों घर पर छोड़ आया हूँ। मैं यहाँ बैठा हूँ और यहीं बैठा रहूँगा। मेरा काम होना है, तो आज ही होगा और अभी होगा। तुम्हारे शायद और तकरीबन के ग्राहक ये सब खड़े हैं। यह ठगी इनसे करो।..."

बाबू लोग अपनी सद्भावना के प्रभाव से निराश होकर एक-एक करके अन्दर लौटने लगे।

"बैठा है, बैठा रहने दो।"

"बकता है, बकने दो।"

"साला बदमाशी से काम निकालना चाहता है।"

"लेट हिम बार्क हिमसेल्फ टु डेथ।"

बाबुओं के साथ चपरासी भी बड़बड़ाता हुआ अपने स्टूल पर लौट गया। "मैं साले के दाँत तोड़ देता। अबे बाबू लोग हाकिम हैं, और हाकिमों का कहा मानना पड़ता है, वरना...!"

"अरे बाबा, शान्ति से काम ले। यहाँ मिन्नत चलती है। पैसा चलता है। धौंस नहीं" चलती भीड़ में से कोई उसे समझाने लगा।

वह आदमी उठकर खड़ा हो गया।

"मगर परमात्मा का हुक्म हर जगह चलता है।" वह आदमी कमीज उतारता हुआ बोला, "अरे परमात्मा के हुक्म से आज बेताज बादशाह नंगा होकर कमिश्नर साहब के कमरे में जाएगा। आज वह नंगी पीठ पर साहब के डंडे खाएगा। आज वह बूटों की ठोकर खाकर प्राण देगा। लेकिन वह किसी की मिन्नत नहीं करेगा। किसी को पैसा नहीं चढ़ाएगा। किसी की पूजा नहीं करेगा। जो वाहेगुरु की पूजा करता है, वह किसी की पूजा नहीं कर सकता। तो वाहेगुरु का नाम लेकर..."

और इससे पहले कि वह अपने कहे को किए में परिणत करता, दो-एक आदमियों ने बढ़कर तहमद की गाँठ पर रखे उसके हाथ को पकड़ लिया। बेताज बादशाह अपना हाथ छुड़ाने के लिए संघर्ष करने लगा।

"मुझे जाकर पूछने दो कि क्या महात्मा गाँधी ने इसलिए इन्हें आजादी दिलायी थी कि ये आजादी के साथ इस तरह सम्भोग करें? उसकी मिट्टी खराब करें? उसके नाम पर कलंक लगाएँ? उसे टके-टके की फाइल में बाँधकर ज़लील करें? लोगों के दिलों में उसके लिए नफरत पैदा करें? इन्सान के तन पर कपड़े देखकर बात इन

लोगों की समझ में नहीं आती। शरम तो उसे होती है जो इन्सान हो। मैं तो आप कहता हूँ कि मैं इन्सान नहीं, कुत्ता हूँ...”

सहसा भीड़ में एक दहशत-सी फैल गयी। कमिश्नर साहब अपने कमरे से बाहर निकल आये थे। वे माथे की त्योरियों और चेहरे की झुर्रियों को गहरा किये भीड़ के बीच में आ गये।

“क्या बात है। क्या चाहते हो तुम?”

“आपसे मिलना चाहता हूँ। साहब,” वह आदमी साहब को घूरता हुआ बोला, “सौ मरले का एक गड्ढा मेरे नाम एलाट हुआ है। वह गड्ढा आपको वापस करना चाहता हूँ ताकि सरकार उसमें एक तालाब बनवा दे, और अफ़सर लोग शाम को वहाँ आकर मछलियाँ मारा करें। यह उस गड्ढे में सरकार एक तहखाना बनवा दे और मेरे जैसे सारे कुत्तों को उसमें बन्द कर दे।”

“ज्यादा बकबक मत करो, और अपना केस लेकर मेरे पास आओ।”

“मेरा केस मेरे पास नहीं है, साहब! दो साल से सरकार के पास है—आपके पास है। मेरे पास अपना शरीर और दो कपड़े हैं। चार दिन बाद वे भी नहीं रहेंगे, इसलिए इन्हें भी आज ही उतार दे रहा हूँ। इसके बाद बाकी सिर्फ बारह सौ छब्बीस बटा सात रह जाएगा। बारह सौ छब्बीस बटा सात को मार-मारकर परमात्मा के हुजूर में भेज दिया जाएगा।...”

“यह बकवास बन्द करो और मेरे साथ अन्दर आओ।”

और कमिश्नर साहब अपने कमरे में वापस चले गये। वह आदमी भी अपनी कमीज कन्धे पर रखे उस कमरे की तरफ चल दिया।

“दो साल चक्कर लगाता रहा, किसी ने बात नहीं सुनी। खुशामदें करता रहा, किसी ने बात नहीं सुनी। वास्ते देता रहा, किसी ने बात नहीं सुनी!...”

चपरासी ने उसके लिए चिक उठा दी और वह कमिश्नर साहब के कमरे में दाखिल हो गया। घण्टी बजी, फाइलें हिलीं, बाबुओं की बुलाहट हुई और आधे घण्टे के बाद बेताज बादशाह मुस्कराता हुआ बाहर निकल आया। उत्सुक आँखों की भीड़ ने उसे आते देखा, तो वह फिर बोलने लगा, “चूहों की तरह बिटर-बिटर देखने से कुछ नहीं होता। भौंको, भौंको सबके-सब भौंको! अपने-आप सालों के कान फट जाएँगे। भौंको कुत्तों, भौंको!...”

उसकी भौजाई दोनों बच्चों के साथ गेट के पास खड़ी इन्तजार कर रही थी। लड़के और लड़की के कन्धों पर हाथ रखे हुए वह सचमुच बादशाह की तरह सड़क पर चलने लगा।

“हयादार हो, तो सालहों-साल मुँह लटकाये हुए खड़े रहो। अर्जियाँ टाइप कराओ और नल का पानी पियो। सरकार वक्त ले रही है। नहीं तो बेहया बनो। बेहयाई हजार बरकत है।”

वह सहसा रुका और जोर से हँसा :

"यारो, बेहयाई हजार बरकत है।"

उसके चले जाने के बाद कम्पाउण्ड में और आस-पास मातमी वातावरण पहले से और गहरा हो गया। भीड़ धीरे-धीरे बिखरकर अपनी जगहों पर चली। चपरासी की टाँगें फिर स्टूल पर झूलने लगीं। सामने के कैण्टीन का लड़का बाबुओं के कमरे में एक सेट चाय ले गया। अर्जीनवीस की मशीन चलने लगी और टिक-टिक की आवाज के साथ उसका लड़का फिर अपना सबक दोहराने लगा, "पी ई एन पेन-पेन माने कलम; एच ई एन हेन—हेन माने मुर्गी, डी ई एन डेन—डेन माने अँधेरी गुफा।..."

ठेस

– फणीश्वरनाथ रेणु

खेती-बारी के समय, गाँव के किसान सिरचन की गिनती नहीं करते। लोग उसको बेकार ही नहीं, 'बेगार' समझते हैं। इसलिए, खेत-खलिहान की मजदूरी के लिए कोई नहीं बुलाने जाता है सिरचन को। क्या होगा उसको बुलाकर? दूसरे मजदूर खेत पहुँचकर एक-तिहाई काम कर चुकेंगे, तब कहीं सिरचन राय हाथ में खुरपी डुलाता हुआ दिखाई पड़ेगा--पगडंडी पर तौल-तौलकर पाँव रखता हुआ, धीरे-धीरे। मुफ्त में मजदूरी देनी हो तो और बात है।

...आज सिरचन को मुफ्तखोर, कामचोर या चटोर कह ले कोई। एक समय था, जबकि उसकी मड़ैया के पास बड़े-बड़े बाबू लोगों की सवारियाँ बँधी रहती थीं। उसे लोग पूछते ही नहीं थे, उसकी खुशामद भी करते थे।... अरे, सिरचन भाई। अब तो तुम्हारे ही हाथ में यह कारीगरी रह गयी है सारे इलाके में। एक दिन का समय निकालकर चलो। कल बड़े भैया की चिट्ठी आयी है शहर से—सिरचन से एक जोड़ा चिक बनवाकर भेज दो।

मुझे याद है... मेरी माँ जब कभी सिरचन को बुलाने के लिए कहती, मैं पहले ही पूछ लेता--भोग क्या-क्या लगेगा?

माँ हँसकर कहती—जा-जा, बेचारा मेरे काम में पूजा-भोग की बात नहीं उठाता कभी।

ब्राह्मण टोली के पंचानन्द चौधरी के छोटे लड़के को एक बार मेरे सामने ही बेपानी कर दिया था सिरचन ने—तुम्हारी भाभी नाखून से खाँटकर तरकारी परोसती है। और, इमली का रस डालकर कढ़ी तो हम कहार-कुम्हारों की घरवाली बनाती है। तुम्हारी भाभी ने कहाँ सीखा?

इसलिए, सिरचन को बुलाने के पहले मैं माँ से पूछ लेता.....।

सिरचन को देखते ही माँ हुलसकर कहती—आओ सिरचन। आज नेनू मथ रही थी, तो तुम्हारी याद आयी। घी की (खखोरन) डाड़ी के साथ चूड़ा तुमको बहुत पसन्द है न.....। और बड़ी बेटी ने ससुराल से संवाद भेजा है, उसकी ननद रूठी हुई है, मोथी की शीतलपाटी के लिए।

सिरचन अपनी पनियायी जीभ को सँभालकर हँसता—घी की सोंधी सुगन्ध सूँघकर ही आ रहा हूँ, भाभी। नहीं तो इस शादी-ब्याह के मौसम में दम मारने की भी छुट्टी कहाँ मिलती है।

सिरचन जाति का कारीगर है। एक-एक मोथी और पटेर को हाथ में लेकर बड़े जतन से उसकी कुच्ची बनता। फिर, कुच्चियों को रँगने से लेकर सुतली सुलझाने में पूरा दिन समाप्त।..... काम करते समय उसकी तन्मयता में जरा भी बाधा पड़ी कि गेहुँअन साँप की तरह फुफकार उठता—फिर किसी दूसरे से करवा लीजिए काम। सिरचन मुँहजोर है, कामचोर नहीं।

बिना मजदूरी के पेट-भर भात पर काम करने वाला कारीगर। दूध में कोई मिठाई न मिले, कोई बात नहीं, किन्तु बात में जरा भी झाल वह नहीं बरदाश्त कर सकता।

सिरचन को लोग चटोर भी समझते हैं... तली-बघारी हुई तरकारी, दही की कढ़ी, मलाईवाला दूध, इन सबका प्रबन्ध पहले कर लो, तब सिरचन को बुलाओ; दुम हिलाता हुआ हाजिर हो जायेगा। खाने-पीने में चिकनाई की कमी हुई कि काम की सारी चिकनाई खत्म। अधूरा रखकर उठ खड़ा होगा—आज तो अब अधकपाली दर्द से माथा टनटना रहा है। थोड़ा-सा रह गया है, किसी दिन आकर पूरा कर दूँगा।... 'किसी दिन'—माने कभी नहीं।

मोथी घास और पटेर की रंगीन शीतलपाटी, बाँस तीलियों की झिलमिलाती चिक, सतरंगे डोर के मोढ़े, भूसी-चुन्नी रखने के लिए मूँज की रस्सी के बड़े-बड़े जाले, हलवाहों के लिए ताल के सूखे पत्तों की छतरी-टोपी तथा इसी तरह के बहुत-से काम हैं, जिन्हें सिरचन के सिवा गाँव में और कोई नहीं जानता। यह दूसरी बात है कि अब गाँव में ऐसे कामों को बेकाम का काम समझते हैं लोग—बेकाम का काम, जिसकी मजदूरी में अनाज या पैसे देने की कोई जरूरत नहीं। पेट-भर खिला दो, काम पूरा होने पर एकाध पुराना-धुराना कपड़ा देकर विदा करो। वह कुछ भी नहीं बोलेगा।. ....

कुछ भी नहीं बोलेगा, ऐसी बात नहीं। सिरचन को बुलाने वाले जानते हैं, सिरचन बात करने में भी कारीगर है।... महाजन टोले के भज्जू महाजन की बेटी सिरचन की बात सुनकर तिलमिला उठी थी—ठहरो। मैं माँ से जाकर कहती हूँ। इतनी बड़ी बात।

—बड़ी बात ही है बिटिया। बड़े लोगों की बस बात ही बड़ी होती है। नहीं तो दो-दो पटेर की पाटियों का काम सिर्फ खँसारी का सत्तू खिलाकर कोई करवाये भला? यह तुम्हारी माँ ही कर सकती है बबुनी। सिरचन ने मुस्कराकर जवाब दिया था।

उस बार मेरी सबसे छोटी बहन की विदाई होने वाली थी। पहली बार ससुराल जा रही थी। मानू के दूल्हे ने पहले ही बड़ी भाभी को खत लिखकर चेतावनी दे दी है—मानू के साथ मिठाई की पतीली न आवे, कोई बात नहीं। तीन जोड़ी फैशनेबल

चिक और पटेर की दो शीतलपाटियों के बना आएगी मानू तो...। भाभी ने हँसकर कहा—बैंरग वापस। इसलिए, एक सप्ताह पहले से ही सिरचन को बुलाकर काम पर तैनात करवा दिया था माँ ने—देख सिरचन, इस बार नयी धोती दूँगी; असली मोहर छापवाली धोती। मन लगाकर ऐसा काम करो कि देखने वाले देखकर देखते ही रह जाएँ।

पान-जैसी पतली छुरी से बाँस की तीलियों और कमानियों को चिकनाता हुआ सिरचन अपने काम में लग गया। रंगीन सुतलियों में झब्बे डालकर वह चिक बुनने बैठा। डेढ़ हाथ की बुनाई देखकर ही लोग समझ गये कि इस बार एकदम नये फैशन की चीज बन रही है, जो पहले कभी नहीं बनी।

मँझली भाभी से नहीं रहा गया, परदे की आड़ से बोली—पहले ऐसा जानती कि मोहर छापवाली धोती देने से ही अच्छी चीज बनती है तो भैया को खबर भेज देती।

काम में व्यस्त सिरचन के कानों में बात पड़ गयी। बोला—मोहर छापवाली धोती के साथ रेशमी कुर्ता देने पर भी ऐसी चीज नहीं बनती बहुरिया। मानू दीदी काकी की सबसे छोटी बेटी है... मानू दीदी का दूल्हा अफसर आदमी है। मँझली भाभी का मुँह लटक गया। मेरी चाची ने फुसफुसाकर कहा--किससे बात करती है बहू? मोहर छापवाली धोती नहीं, मुँगिया लड्डू। बेटी की विदाई के समय रोज मिठाई जो खाने को मिलेगी। देखती है न।

दूसरे दिन चिक की पहली पाँती में सात तारे जगमगा उठे, सात रंग के। सतभैया तारा। सिरचन जब काम में मगन रहता है तो उसकी जीभ जरा बाहर निकल आती है, होठ पर। अपने काम में मगन सिरचन को खाने-पीने की सुधि नहीं रहती। चिक में सुतली के फन्दे डालकर उसने पास पड़े सूप पर निगाह डाली—चिउरा और गुड़ का एक सूखा ढेला। मैंने लक्ष्य किया, सिरचन की नाक के पास दो रेखाएँ उभर आयीं। मैं दौड़कर माँ के पास गया—माँ, आज सिरचन को कलेवा किसने दिया है, सिर्फ चिउरा और गुड़?

माँ रसोईघर के अन्दर पकवान आदि बनाने में व्यस्त थी। बोली—मैं अकेली कहाँ-कहाँ, क्या-क्या देखूँ।..... अरी मँझली, सिरचन को बुँदिया क्यों नहीं देती?

—बुँदिया मैं नहीं खाता, काकी! सिरचन के मुँह में चिउरा भरा हुआ था। गुड़ का ढेला सूप में एक किनारे पड़ा रहा, अछूता।

माँ की बोली सुनते ही मँझली भाभी की भौंहें तन गयीं। मुट्ठी-भर बुँदिया सूप में फेंककर चली गयी।

सिरचन ने पानी पीकर कहा—मँझली बहूरानी अपने मैंके से आयी हुई मिठाई भी इसी तरह हाथ खोलकर बाँटती है क्या?

बस, मँझली भाभी अपने कमरे में बैठकर रोने लगी। चाची ने माँ के पास जाकर लगाया—छोटी जाति के आदमी का मुँह भी छोटा होता है। मुँह लगाने से सिर पर

चढ़ेगा ही। किसी की नैहर-ससुराल की बात क्यों करेगा वह?

मँझली भाभी माँ की दुलारी बहू है। माँ तमककर बाहर आयी–सिरचन, तुम काम करने आये हो, अपना काम करो। बहुओं से बतकुट्टी करने की क्या जरूरत? जिस चीज की जरूरत हो, मुझसे कहो।

सिरचन का मुँह लाल हो गया। उसने कोई जवाब नहीं दिया। बाँस में टँगे हुए अधूरे चिक में फन्दे डालने लगा।

मानू पान सजाकर बाहर बैठकखाने में भेज रही थी। चुपके से एक पान का बीड़ा सिरचन को देती हुई बोली, इधर-उधर देखकर–सिरचन दादा, काम-काज का घर। पाँच तरह के लोग पाँच किस्म की बात करेंगे। तुम किसी की बात पर कान मत दो।

सिरचन ने मुसकुराकर पान का बीड़ा मुँह में ले लिया। चाची अपने कमरे से निकल रही थी। सिचन को पान खाते देखकर अवाक् हो गयी। सिरचन ने चाची को अपनी ओर अचरज से घूरते देखकर कहा–छोटी चाची, जरा अपनी डिबिया का गमकौआ जर्दा तो खिलाना। बहुत दिन हुए.....।

चाची कई कारणों से जली-भुनी रहती थी, सिरचन से। गुस्सा उतारने का ऐसा मौका फिर नहीं मिल सकता। झनकती हुई बोली–मसखरी करता है? तुम्हारी बढ़ी हुई जीभ में आग लगे। घर में भी पान और गमकौआ जर्दा खाते हो?..... चटोर कहीं के। मेरा कलेजा धड़क उठा.....

बस, सिरचन की उँगलियों में सुतली के फन्दे पड़ गये, मानो। कुछ देर तक वह चुपचाप बैठा पान को मुँह में घुलाता रहा। फिर अचानक उठकर पिछवाड़े थूक आया। अपनी छुरी, हँसिया वगैरह समेट-सँभालकर झोले में रखे। टँगी हुई अधूरी चिक पर एक निगाह डाली और हनहनाता हुआ आँगन से बाहर निकल गया।

चाची बड़बड़ाई–अरे बाप रे बाप। इतनी तेजी। कोई मुफ्त में तो काम नहीं करता। आठ रुपये में मोहर छापवाली धोती आती है।.....इस मुँहझौंसे के न मुँह में लगाम है, न आँख में शील। पैसा खर्च करने पर सैकड़ों चिकें मिलेंगी। बाँतर टोली की औरतें सिर पर गट्ठर लेकर गली-गली मारी फिरती हैं।

मानू नहीं बोली। चुपचाप अधूरी चिक को देखती रही।....सातों तारे मन्द पड़ गये।

माँ बोली–जाने दे बेटी। जी छोटा मत कर, मानू। मेले से खरीदकर भेज दूँगी।

मानू को याद आयी, विवाह में सिरचन के हाथ की शीतलपाटी दी थी माँ ने। ससुरालवालों ने न जाने कितनी बार खोलकर दिखाया था पटना और कलकत्ता के मेहमानों को। वह उठकर बड़ी भाभी के कमरे में चली गयी।

मैं सिरचन को मनाने गया। देखा, एक फटी हुई शीतलपाटी पर लेटकर वह कुछ सोच रहा है। मुझे देखते ही बोला–बबुआ जी। अब नहीं। कान पकड़ता हूँ,

अब नहीं।.....मोहर छापवाली धोती लेकर क्या करूँगा? कौन पहनेगा?... ससुरी खुद मरी, बेटे-बेटियों को ले गयी अपने साथ। बबुआ जी, मेरे घरवाली जिन्दा रहती तो मैं ऐसी दुर्दशा भोगता? यह शीतलपाटी उसी की बुनी हुई है। इस शीतलपाटी को छूकर कहता हूँ अब यह काम नहीं करूँगा।...गाँव-भर में तुम्हारी हवेली में मेरी कदर होती थी।.....अब क्या? मैं चुपचाप लौट आया। समझ गया, कलाकार के दिल में ठेस लगी है। वह नहीं आ सकता।

बड़ी भाभी अधूरी चिक में रंगीन छींट का झालर लगाने लगी—यह भी बेजा नहीं दिखाई पड़ता। क्यों मानू?

मानू कुछ नहीं बोली।..... बेचारी। किन्तु, मैं चुप नहीं रह सका—चाची और मँझली भाभी की नजर न लग जाय इसमें भी।

मानू को ससुराल पहुँचाने मैं ही जा रहा था।

स्टेशन पर सामान मिलाते समय देखा, मानू बड़े जतन से अधूरी चिक को मोड़कर लिए जा रही है अपने साथ। मन-ही-मन सिरचन पर गुस्सा हो आया। चाची के सुर में सुर मिलाकर कोसने को जी हुआ।.....कामचोर, चटोर।

गाड़ी आयी। सामान चढ़ाकर मैं दरवाजा बन्द कर रहा था कि प्लेटफार्म पर दौड़ते हुए सिरचन पर नजर पड़ी—बबुआ जी। उसने दरवाजे के पास आकर पुकारा।

क्या है? मैंने खिड़की से गरदन निकालकर झिड़की के स्वर में कहा। सिरचन ने पीठ पर लदे हुए बोझ को उतारकर मेरी ओर देखा—दौड़ता आया हूँ।.... दरवाजा खोलिए। मानू दीदी कहाँ हैं? एक बार देखूँ।

मैंने दरवाजा खोल दिया।

सिरचन दादा। मानू इतना ही बोल सकी।

खिड़की के पास खड़े होकर सिरचन ने हकलाते हुए कहा—यह मेरी ओर से है। सब चीज है दीदी। शीतलपाटी, चिक और एक जोड़ी आसनी, कुश की। गाड़ी चल पड़ी।

मानू मोहर छापवाली धोती का दाम निकालकर देने लगी। सिरचन ने जीभ को दाँत से काटकर, दोनों हाथ जोड़ दिये।

मानू फूट-फूटकर रो रही थी। मैं बंडल को खोलकर देखने लगा—ऐसी कारीगरी, ऐसी बारीकी, रंगीन सुतलियों के फन्दों का ऐसा काम, पहली बार देख रहा था।

फैसला

– मैत्रेयी पुष्पा

आदरणीय मास्साब,

सादर प्रणाम!

शायद आपने सुन लिया हो। न सुना होगा तो सुन लेंगे। मेरा पत्र तो आज से तीन दिन बाद मिल पायेगा आपको।

चुनाव परिणाम घोषित हो गया।

न जाने कैसे घटित हो गया ऐसा?

आज भी ठीक उस दिन की तरह चकित रह गयी मैं, जैसे जब रह गयी थी–अपनी जीत के दिन। कभी सोचा न था कि मैं प्रधान-पद के लिए चुनी जा सकती हूँ।

कैसे मिल गये इतने वोट?

गाँव में पार्टीबन्दी थी। विरोध था। फिर...?

बाद में कारण समझ में आ गया था, जब मैंने सारी औरतों को एक ही भाव से आह्लादित देखा। उमंगों-तरंगों का भीतरी आलोड़न चेहरों पर छलक रहा था।

ब्लाक प्रमुख की पत्नी होने के नाते घर-घर जाकर अपनी बहनों का धन्यवाद करना जब सम्भव नहीं हो सका तो मैं 'पथनवारे' में जा पहुँची।

आप जानते तो हैं कि हर गाँव में पथनवारा एक तरह से महिला बैठकी का सुरक्षित स्थान होता है। गोबर-मिट्टी से सने हाथों, कंडा थापते समय, ओरतें अक्सर आपबीती भी एक-दूसरे को सुना लेती हैं।

हमारे सुख-दुखों की सर्वसाक्षी है यह जगह।

वैसे मेरा पथनवारे में जाना अब शोभनीय नहीं माना जाता।

रनवीर ने पहले ही कह दिया था कि गाँव की अन्य औरतों की तरह अब तुम सिर पर डलिया-तसला धरे नहीं सोहतीं। आखिर प्रधान की पत्नी हो।

वे प्रमुख बने तो बन्दिशों में कुछ और कसावट आ गयी। और जब मैं स्वयं प्रधान बन गयी तो उनकी प्रतिष्ठा कई-कई गुना ऊँचे चढ़ गयी।

वे उदार और आधुनिक व्यक्तित्व के स्वामी माने जाने लगे। अन्य गाँवों की

निगाहों में हमारा गाँव अधिक ऊँचा हो गया। और मैं गाँव की औरतों से दूरी बनाये रखने की हिदायत तले दबने लगी।

पर मेरा मन नहीं मानता था, किसी-न-किसी बहाने पहुँच ही जाती उन लोगों के बीच।

रनवीर कहते थे, अभी तुम्हारी राजनीतिक उम्र कम है, वसुमती। परिपक्वता आएगी तो स्वयं चल निकलोगी मान-सम्मान बचाकर।

ईसुरिया बकरियों का रेवड़ हाँकती हुई उधर ही आ निकली थी, आप जानते होंगे, मैंने जिक्र तो किया था उसका कि वह कितनी निश्छल, कितनी मुखर है।

यह भी बताया था कि मैं और वह इस गाँव में एक दिन ही ब्याहकर आये थे।

आप हँस पड़े थे मास्साब, यह कहते हुए कि नेह भी लगाया तो गड़रिया की बहू से। वाह वसुमती।

बड़ी चौचीती नजर है उसकी। जब तक मैंने घूँधट उलटकर गाँव के रूख-पेड़ों, घर-मकानों, गली-मोहल्लों को निहारा ही था, तब तक उसने हर द्वार-देहरी की पहचान कर ली। हर आदमी को नाप-जोख लिया। शरमाना-सकुचाना नहीं है न उसके स्वभाव में।

गाँव के बड़े-बुजुर्गों के नाम इस तरह लेती है, जैसे वह उनकी पुरखिन हो। ऊँच-नीच, नाते-रिश्ते, जात-कुजात के आडम्बरों से सर्वथा मुक्त है।

वह खड़ी-खड़ी आवाज मारने लगी, "ओ बसुमतिया ऽ ऽ ...! रन्ना की। रनवीर की दुलहन! ओ पिरमुखिनी।"

सब हँस पड़ीं।

बोलीं, "वसुमती, लो आ गयी सबकी अम्मा दादी! टेर रही हैं तुम्हें। हुंकारा दो प्रधान जी।"

वह हाथ में पकड़ी पतली संटी फटकारती, बकरियों को पिछियाती हुई हमारे पास ही आ गयी।

झमककर बोली, "पिरधान हो गयीं अब तौ! चलो सुख हो गया।"

किसी ने खास ध्यान नहीं दिया।

संटी उठाकर जोर से बोलने लगी, "एऽऽ, सब जनी सुनो, सुन लो कान खोलकें। बरोबरी का जमाना आ गया। अब ठठरी बँधे मरद माराकूटी करें, गारी-गरौज दें, मायके न भेजें, पीहर से रुपइया पइसा मँगवावें, क्या कहते हैं कि दायजे के पीछें सतावें, तो बैन सूधी वली जाना वसुमती के ढिंग।

"लिखवा देना कागद।"

"करवा देना नठुओं के जेल।"

"ओ बसुमतिया! तू रनवीरा की तरह अन्याय तो नहीं करेगी? कागद दाब तो नहीं लेगी?"

सलिगा ने हमारे हाथ-पाँव तोरे, तो हमने लीलों के लड़का से तुरन्त कागद लिखवाया था कि सिरकार दरबार हमारी गुहार सुनें।

रनवीर को हमने खुद पकड़ाया था जाकर।

उन दिनों सलिगा हल-हल काँपने लगा था। हाथ तो क्या, उल्टी-सूधी जुबान तक नहीं बोल पाया कई दिनों तक। हमारे जानें रन्ना ने कागद दाब लिया सलिगा सेर बनकें चढ़ा आया छाती पर।

बोला, "जेहल करा रही थी हमारी? हत्यारी, हमने भी सोच लई है कि चाहे दो बकरियाँ बेंचनी पड़ें, पर तेरे कागद की ऐसी-तैसी..."

संटी फेंककर ईसुरिया ने अपनी बाँहें फैला दीं। सलूका उघाड़ दिया, गहरी खरोचों और घावों को देखकर सखियों के होठ उदास हो गये। खिलते चेहरों पर पाला पड़ गया, मास्साब! हँसी-दिल्लगी ठिठुरकर ठूँठ हो गयी।

गोपी ने हँसने का उपक्रम किया।

मुस्कराने का अभिनय करती हुई बोली, "क्या बक रही है तू? कोई सुन लेगा तो कह न देगा पिरमुख जी से?"

वह तुरन्त दयनीयता से उभर आयी।

"सुन ले! सुनाने के लिए ही कह रहे हैं हम। रनवीर एक दिन चाखी पीसेगा, रोटी थापेगा। और हमारी वसुमती, कागद लिखेगी, हुकुम चलाएगी, राज करेगी।"

"है न वसुमती?"

"साँची कहना, तू गयारह किलास पढ़ी है न? और रनवीर नौ फैल? बताओ कौन हुसियार हुआ?"

"अब दिन गये कि जनी गूँगी-बहरी छिरिया बकरिया की नाईं हँकती रहे। बरोबरी का जमाना ठहरा। पिरधान बन गयी न वसुमती? इन्द्रा गाँधी का राज है। बोलो इन्द्रा गाँधी की जै।"

गोपी डपटने लगी, "सिर्रिन, इन्द्रा गाँधी तो कब की मर चुकीं। राजीव गाँधी का राज है।"

"मर गयीं?

"चलो, तो भी क्या हुआ। मतारी बेटा में कोई भेद होता है सो? एक ही बात ठहरी।

"क्यों जी, झल्लूस कब निकलेगा?" उसे सहसा याद हो पड़ा।

"रन्ना पिरधान बना था तब कैसा रौनक लगा था। माला पहरायी थी। झंडा लेकर घूमे थे लोग। रन्ना ने तो कन्धा-कन्धा चढ़कें परिकम्मा की थी गाँव की?"

सरूपी ने उसे फिर समझाया, "ओ बौड़म रन्ना-रन्ना करे जा रही है? पिरमुख जी सबसे पहले तेरी जेहल कराएँगे।"

उसने लापरवाही से सिर झटका, "लो, सुन लो सरूपिया की बातें। रन्ना क्या,

तेरा ससुर गजराज भी नहीं कर सकता हमारी जेहल। तेरा जेठ पन्ना भी नहीं कर सकता। है न वसुमती!"

झुंड में से कोई बोल पड़ी, "काहे को मुँह लगती हो इस सरगपताल के। ओ ईसुरिया, तेरी छिरियाँ, वे निकल गयीं खेत में।"

"ओ मोरी दइया...।" वह संटी फटकारती दौड़ने लगी।

सवेरे की घाम रसोई के ओटले पर रही होगी। चूल्हा जलाकर मैंने तवा रखा ही था। हाथ आटे में सने थे।

कोई छाया-सी द्वार पर दिखी।

सही अनुमान लगाती, तब तक आवाज आने लगी,

"ओ वसुमती ऽऽ! वसुमती ऽऽ!" ईसुरिया थी।

"पंच्याती चौंतरे पर दुरगा बैठा है। पन्ना देख रहा है। तेरी सौं वसुमती, सारे पंच तेरी परतिच्छा में!" वह खुशी से खिल रही थी।

मैंने तुरन्त कुसुमा को बुलाया। वह बोली, "तुम जाओ भाभी, हम बना देंगे रोटी।"

सभा में जाने लगी तो औरतें किवाड़ों की झिरी से झाँकने लगीं। शायद यह देखने के लिए कि मैं घूँघट डालकर जा रही हूँ या पर्दा त्यागकर।

माथे तक साड़ी का किनारा। न घूँघट था न खुला चेहरा।

रास्ते में गोपी मिल गयी। ईसुरिया को छेड़ने लगी, "वसुमती भाभी तो सभा में जा रही हैं, तू कहाँ जा रही है ईसुरिया?"

वह तमक गयी, "चल। गोपिया की बच्ची। हम वसुमती के सेकटरी ठहरे। सभा में जा रहे हैं। पंचों को टोकते नहीं हैं।"

"छिरियाँ कहाँ गयीं आज?"

"छिरियाँ चराने सलिगा चला गया। जान गया अब, कि मरद और औरत बरोबर हो गये, बेटा, अब चलो छिरियाँ चुगाने।"

हम चबूतरे के समीप पहुँचने ही वाले थे कि रनवीर आते दिखाई दिये।

वे लपकते कदमों से हमारे पास आकर रुके। मुख पर आश्चर्य की रेखाएँ थीं और नाक तथा होठ कठोर मुद्रा में अकड़े हुए।

बोले, "कहाँ?"

उत्तर ईसुरिया ने दिया, "पिरमुख जी, हम पंचायत में जा रहे हैं। अगाई छोड़ो। रस्ता दो।"

उसके कहे वाक्यों को सुनकर वे मुझसे मुखातिब हुए, "घर चलो तुम।"

ईसुरिया मुँह बाए खड़ी रह गयी। कुछ ही क्षणों में सँभलकर बोली, "टोका-टाकी न करो पिरमुख जी। चलने दो हमें।"

रनवीर की त्योरियाँ झुलस आयीं।

"सुन नहीं रहीं वसुमती तुम?"

उनकी आग्नेय दृष्टि मेरे पाँवों को जलाने लगीं। उमंग गतिहीन हो गयी। ईसुरिया अड़ी खड़ी थी। उसकी ओर मैंने समझदार संकेत किया कि लौट चलने से ही मंगल है।

उसने मुझे विचित्र भाव से घूरा और विवश भाव से मेरे पीछे-पीछे खिचड़ आयी।

लौटकर मैं बर्तन समेटने लगी। कुसुमा के अनकहे प्रश्नों का उत्तर मेरे पास नहीं था। घुटन ज्यों की त्यों ठहरी हुई थी सीने में।

ईसुरिया आँगन में बैठी बड़बड़ा रही थी, "लो, हद्द हो गयी कि नहीं? हौदा पर तो वसुमती और राज करे रनवीर! अरे अपनी पिरमुखी सम्भारें। पिरधानी से अब इन्हें क्या मतलब?"

कुसुमा से नहीं रहा गया,"मतलब कैसे नहीं है? रामकिसुन कुम्हार से रुपइया वसूल करने हैं। बनीसिंह को बचन दे रखा होगा। भाभी जाती, तो क्या मालूम उलटा हो जाता फैसला।"

बेचारे रामकिसुन ने छान-छप्पर के कारण अपना बैल बेच डाला था कि बिन छत के कैसे रहे चौड़े में। बनीसिंह राच्छत, पहले तो बैल खरीद ले गया और खलिहान उठाते ही आ गया लौटाने। कहना है यह मरघिल्ला बैल उसे नहीं चाहिए। लौटाओ रुपइया।

अब कहाँ से आवें रुपइया? छान बेच दें क्या? छान बिकती है क्या? कौन करे न्याय?

रनवीर तो गरीब को ही मारेंगे। तुम चली जाती तो बच जाता कुम्हार का।

ईसुरिया भारी कदमों से लौट गयी अपने घर।

मास्साब, मेरी आत्मा में किरचें चुभती रह गयीं।

लौटकर रनवीर ने खूब समझाया था, "पंचायती चबूतरे पर बैठती तुम शोभा देती हो? लाज-लिहाज मत उतारो। कुल-परम्परा का खयाल भी नहीं रहा तुम्हें? औरत की गरिमा आढ़-मर्यादा से ही है। फिर तुम क्या जानो गाँव में कैसे-कैसे धूर्त हैं?"

उस दिन के बाद पंचायती चबूतरे से प्रधान की टेर निरन्तर उठती रही। लोग जानते थे कि रनवीर इस बात को पसन्द नहीं करते, फिर भी बुलाने चले आते।

मैं ही पस्तहिम्मत थी या पति की प्रतिच्छाया मेरे भीतर निवास करती थी, देहरी उलाँघते ही कोई बरजने लगता, "हम हैं तो सही। अब तक तो करते रहे हैं। तुम्हें क्या जरूरत है बाहर आने की?"

उत्तर में मन उफनता। आक्रोश के सवाल की सीमा तक होठ खुलते, मगर पत्नी होने के नाते सब कुछ सिराने लगता। दूध के झाग-सा बैठ जाता विरोध।

मास्साब, मैंने कितने दिनों तक सोचा था कि दस्तखत नहीं करूँगी। करने दो मनमानी।

रनवीर रजिस्टर लिए चारपाई पर बैठ थे। मैं कामों में उलझी थी। सवेरे का समय वैसे भी खाने-पीने से लेकर दूध-घी की सार-सँभाल में निकल जाता है, ऊपर के मईदारों की कलेऊ-पानी।

वे आवाज दे चुके थे, शायद कई बार।

मैं फिर भी खाली नहीं हुई।

"सुनो मैं लिखत-पढ़त कब का निपटा चुका, तुम्हें दस्तखत करने का समय नहीं?" मैं नहीं पहुँची।

वे झल्ला उठे, "कब तक बैठा रहूँ? ब्लॉक पहुँचना है मुझे। एक हफ्ते से घुमा रही हो।"

धोती के पल्ले से हाथ पोंछती पहुँच गयी मैं। उनके निकट जा खड़ी हुई।

"लो करो दस्तखत" उन्होंने खुला पेन पकड़ा दिया। तु सोच क्या रही हो? अभी तक तो बीस बार कर चुकी होती।"

मैंने खुला पेन बन्द कर दिया।

आँखों में सवाल का जंगल उग आया। भटकती रही मैं। क्या रनवीर उबार नहीं सकते मुझे। आसपास से नुकीले काँटे यों ही छेदते रहेंगे?

रनवीर इसी तरह चले होंगे अपने प्रधान काल में, या किसी दूसरी तरह। पूछना तो चाहिए न, शायद कोई मार्ग...

रनवीर?

वे मुख खोले देखते रहे।

मजूर आये थे मेरे पास, कहते थे कि अभी तक गारा-पत्थरों की ढुलाई की मजदूरी...?

गाँव की औरतें ताना देती हैं, कि भली हुई तुम प्रधान, अपने द्वारे पर ही पक्का खरंजा करा लिया। अपनी गली ही पत्थरों से जड़ ली। हमसे क्या बैर था बहन कि कीचड़ में ही छोड़ दिये।

बच्चों को स्कूल भेजते डर लगता है, छत आज गिरी कि कल। आपके अलावा कौन सुधरवा सकता है उसे।

कौन कहेगा कि यह पिरमुख का गाँव है? गड्ढों में पानी, पानी में मच्छर। कूड़ा-कचरा। घर-घर जूड़ी ताप। कुछ दवा-दारू होती। गड्ढों की पुराई, जैसे लालपुर में।

"कुछ भी तो नहीं हुआ जवाहर रोजगार योजना के पैसे से?"

रनवीर की आँखें फैलती चली गयीं।

दृष्टि धीरे-धीरे खौलने लगी।

उनके चक्षुओं से ऐसे अग्निबाण बरसने लगे कि मैं खड़ी-खड़ी भस्म होने लगी। मास्साब, मेरे बोल तपते तवे पर पड़े छींटों की तरह जलने लगे।

"गाँव की औरतें कह रही थीं या तुम?"

"ये गाँव की औरतें कब से बोलने लगीं?"

"प्रधान के कर्तव्य और अधिकार वाली पुस्तिका रटी है क्या?"

"तुम प्रधान हो कि एम.एल.ए.?"

उनके चेहरे को विद्रूप हँसी ने ढाँप लिया।

"चू चू चू...। हमसे तो कभी किसी ने कुछ नहीं पूछा और तुमसे इतने ढेर सवाल?" रनवीर की भाषा बड़ी तीक्ष्ण थी।

काँपते हाथों से चुपचाप लिख दिया, वसुमती देवी।

दस्तखत।

इस रुपये को जिस दिन हस्ताक्षर करके लायी थी, उन दिनों स्वर्ग के सपनों में विचरा करती थी। चमचमाते स्कूल और पक्की गलियों की चाह थी मन में। वर्षा की रौ में ढहे झोंपड़ों को सँवार देने की आकांक्षा की थी। हाथ पर हाथ धरे बैठे बेरोजगारों के घर दुर्दिनों में चूल्हा जलाने की बात सोची थी। बीमारों के दर्द को हरने के लिए कुछ दवा-गोली की साध ली।

'वसुमती देवी' इन छः अक्षरों ने सपनों के घरौंदे का कण-कण आहत कर डाला।

एक वृद्धा ने आ किवाड़ खटखटाया।

"ओ बेटा, वसुमती।"

पानी का घड़ा घड़ोंची पर रखती, तब तक रनवीर का छोटा भाई देववीर जा पहुँचा द्वार पर।

"क्या है दादी?"

"बेटा, तनक अपनी भौजाई को भेज।"

"पंचायत के लिए बुलाने आयी हो क्या?"

"और काहे को लिवा जाएँगे भइया।"

"दादी जाओ यहाँ से। भइया घर पर नहीं हैं। भाभी नहीं जा सकेंगी।"

"काहे नहीं जा सकेगी? पिरधान नहीं है क्या वह? पंचायत में तो जाना ही पड़ेगा, भइया।"

"तुम लड़ाई करवाओगी हमारे घर में?"

"लड़ाई की क्या बात ठहरी बेटा? जे तो पहले ही सोचनी थी तुम्हें।"

मैं पौर में आ चुकी थी। बूढ़ी अम्मा ने देख लिया। वे पाँवों में गिर पड़ी, "बेटी वसुमती। लाचारी तो समझ हमारी। फिर हमारे जमाई को छुट्टी नहीं मिलेगी। लाम की नौकरी ठहरी। हमारी बेटी का न्याय-फैसला करवा बहू।"

मैं खड़ी-खड़ी उनकी सुनती रही।

"बेटी लड़की का दर्द देखा नहीं जाता अब। बाप राच्छत है। चैन से जीना नहीं बदा हमारे भाग में।" कहते-कहते वृद्धा के कोये भीगने लगे। धार बह उठी,

झुर्रियों-भरे मुख पर।

क्या करती, कोई चारा न था। सान्त्वना थी मेरे पास, सो देती रही, "न्याय मिलेगा अम्मा। भरोसा रखो। पंच अन्याय थोड़ेई करेंगे?"

उस समय न जाने कैसे निर्णय ले डाला कि ठिठके कदम अम्मा के संग चल पड़े। देववीर रोकता रह गया।

फैसला करवाकर आयी तो अपूर्व तोष में भीगी हुई थी। अनाम आर्द्रता और प्रेमिल निष्ठा के साथ लिया निर्णय। पवित्र मन्दिर-सा लगा था पंचायत वाला चबूतरा, जिस पर बैठकर रुके जल को जैसे काटकर बहा दिया हो मैंने। सम्पूर्ण गन्दगी रिता दी हो अपने हाथों से। अब मानो नयी वाटिका का बीजारोपण होगा वहाँ।

रनवीर ने उस रात धीमे से घर में प्रवेश किया। उनका गम्भीर चेहरा दहला देने की हद तक विध्वंसात्मक हो उठा।

मेरे कलेजे को जैसे कोई खुरों से खूँदने लगा।

सनसनाती निस्तब्ध रात में उनका स्वर धीमे से ही बहा, लेकिन भीतर घुला जहर मुझे आपादमस्तक नहलाता चला गया।

"कचहरी करने का इतना शौक था तो बाप से कहकर वकालत पढ़ ली होती। बार-बार मना करने पर भी...।"

मुझसे जवाब नहीं बना, उनके कहे वाक्य का।

"यह रोज-राज की नौटंकी! रात-दिन की नाटकबाजी! बताओ कब बन्द करोगी?" रनवीर ने घर के शून्य में विस्फोट किया।

डर के कारण घिग्घी बँधने लगी। लगा कि पूरी देह में कम्पन की लहरें उठ रही हैं।

अनायास ही बोल पड़ी, "मैं अपने आप नहीं गयी थी, अम्मा और उनकी बेटी बुलाने आयी थीं। हरदेई का दुःख कौन नहीं जानता?"

"सबसे ज्यादा तो तुम जानती हो।"

"हरदेई गिड़गिड़ा रही थी, कहती थी कि रनवीर भइया नहीं समझेंगे मेरी पीर। तुम औरत हो भाभी, मेरा दुःख समझो, न्याय करो। पति की लाम की नौकरी है, छुट्टी अब दो साल बाद ही मिल पाएगी, पूरे सात साल निकल गये इसी तरह।

"हमारे दादा तो सोचते हैं कि मुझे भेज दिया तो दामाद एक पैसे का मनीआर्डर नहीं करेगा।

"ताले में बन्द कर देते हैं मुझे। इनसे नहीं मिलने देते। अम्मा किसी तरह खोल दें तो पता चलते ही घर में हड़कम्प? गन्दी-गन्दी गालियाँ।

"तीन बार शहर जाकर खत्म कराया है, पेट का बच्चा।

"तुमने देखे हैं भाभी, ऐसे पिता?

"अब की बेर बचा लो। इनके संग भिजवा दो, तुम्हारा जस नहीं भूलँगी भाभी, जनम-भर।" हरदेई रो उठी थी।

"मैंने उसकी गुहार फिर भी नहीं सुनी।

"यही सोचती रही, काश! तुमने फैसला कर दिया होता।"

वे आँखें गाड़कर बोले, "कैसा फैसला? जैसा तुम करके आयी हो? जंगल में रह रही है हरदेई? बेटी आप घर कि बाप घर।

"वह मलटेरिया कहाँ रखेगा उसे?"

"कहीं भी। दोनों में प्रेम है तो क्या घर और क्या वन।"

वे झटके से उठ पड़े, "तो मैं रोक रहा हूँ उसे?"

सारी थरथराहट के बावजूद न जाने कैसे शब्द होठों से झड़ पड़े, "मैंने तो सुना है कि उसे हाकिमों के पास उनकी हवस पूरी करने को...."

"अच्छा?" उनकी जीभ लपेटा खाने लगी।

"तुमने यह नहीं सुना कि उसके नालायक भाई की नौकरी कैसे लगी? तुम्हें यह नहीं बताया कि उसका बाप सीमेंट की दलाली निधड़क किसकी कृपा से कर रहा है, कि पक्का मकान कैसे उठा है? किस हितू की हिमायत पर हो रहे हैं सारे काम?"

"मेरा तो उसमें कोई लाभ नहीं?"

"तुम तो सारी कथा जानते हो। फिर क्यों नहीं छुड़ाते उसे, उसके बाप के फन्दे से?"

"तुमने छुड़ा तो दी। मेरे खिलाफ फैसला इस तरह छीछालेदर।"

"मेरा ऐसा इरादा कतई नहीं था।"

"फिर उस दिन कैसा इरादा था, जब रामसिंह को पुलिस पकड़ ले जा रही थी? क्यों भागी थीं पुलिस वैन के पीछे पागलों की तरह। होश खोकर।

"क्या कहते होंगे दरोगा जी? क्या सोचते होंगे लोग? यही कि प्रमुख पत्नी का ऐसा कंजर तरीका।"

"शरम से गड़ गया न मैं!"

"आगे ये नाटक रचे तो समझ लेना कि..."

"सुनो, रामसिंह दोषी नहीं था। निर्दोष को सजा?"

वे क्रोध से काँपने लगे।

"सुन ले! और समझ ले अपनी औकात! मजबूरी में खड़ी करनी पड़ी तू। मैं दो-दो पद्वी नहीं रख सकता था एक साथ। सोचा था पत्नी से अधिक भरोसेमन्द कौन... ।"

उनके चेहरे पर 'भरोसेमन्द' शब्द कहते हुए जहरीली हँसी उतर आयी जो मेरे कलेजे में धार करती चली गयी।

वह पूस की ठंडी रात थी। शिला की तरह जमा देने वाली शीत। मैं बाहर ही बैठी रही। ठिठुरन से मुख घुटनों में गाड़ लिया। हाथ-पाँव सुन्न होने लगे थे।

मन बड़ा अस्थिर था। लगा कि इसी समय यह घर, यह गाँव, यह धरती-आसमान त्याग जाऊँ, कहीं चली जाऊँ।

आधी रात निकल गयी होगी।

उसी धुन्ध में लगा कि परछाईं निकट को सरकती चली आ रही है। पैछर पर चेहरा उठाकर देखा, रनवीर थे।

वे समीप आ बैठे। सिर पर हाथ फेरते हुए मनुहार करने लगे, "चलो भीतर। सोओ चलकर। ठंड बहुत है। कहा मानो।"

धोती झाड़ती हुई मैं बुत की तरह उठ बैठी, अकड़ी हुई-सी।

न विरोध करने की इच्छा हुई, न उलाहना देने की आत्मीयता जागी। अरागात्मक भावना के चलते अपने आप को ढकेलती रही कमरे के भीतर।

वे समझते रहे, पति-पत्नी में कोई अन्तर होता है? पगली, एक-दूसरे के लिए ही जीते-मरते हैं। गाँव वालों को लेकर विरथा अपने मन में क्लेश पाल बैठी।

"हमसे जलते हैं सब। देखा नहीं जाता कि पति प्रमुख और पत्नी प्रधान। चाहते हैं कि तुम द्वार-द्वार डोलो। लौंडे-लपाड़े हँसी -ठट्ठा करें। लोगों को कहने का मौका मिले कि रनवीर की घरवाली पराये मर्दों के बीच..."

आपको याद होगा मास्साब, जिस दिन मैं प्रधान बनी थी, उस दिन आपने एक छोटी-सी चिट्ठी लिखी थी मेरे नाम। उसमें मेरे सुखद भविष्य को, मेरे पति-परायण होने की कामना की थी आपने। साथ ही नया सूरज ढूँढ़ने की आस जगायी थी। सम्बन्धों को जीतने की चुनौती भेजी थी। लिखा था, वसुमती, अपने आँगन में सत्य के खम्भे गाड़कर ईमानदारी की छान डालो कि दीन, दलित, त्रस्त, अभिशप्त छाँह पा सकें।

यह कहाँ तक सम्भव हो पाता है, आप भी जानते होंगे।

लेकिन आपकी उस लिखावट ने मुझे विचलित अवश्य कर दिया। मैं भूल गयी मास्साब, कि पदवी प्राप्त आदमी छल-बल और आतंक से जिस प्रजा का दमन करता है, उससे मैं अलग नहीं हूँ।

काश, मैं ईसुरिया होती। आढ़-मर्यादा की दीवारों के बाहर मुक्त आकाश तले। कुलीन कही जाने वाली थोथी परम्पराओं के भरम से परे।

काश! रनवीर के पास अभिजात्य की तुरप चाल न होती तो परों को बींधता हुआ यह पिंजड़ा मैं साथ ही उड़ा ले जाती।

भोर होने लगी थी शायद। पंछियों की चिचियाहट सुनकर मैं उठ बैठी। यद्यपि देह में निद्रा और सुस्ती के लक्षण न थे फिर मन मार निरस्तता के चलते रोम-रोम अनमना था।

चौका-चूल्हा लीप-पोत दिया। कंडे सुलगा दिये।

रनवीर को कुल्ला-दातुन से पहले चाय पीने की आदत बन गयी है।

चाय डालकर कप-प्लेट भीतर ले जा रही थी कि दरवाजे की ओर से आती चीख-चिंघाड़ आँगन में मँडराने लगी।

"ओ रन्ना की दुलहन! ओ बसुमतिया ऽऽ।

"अरी बाहिर तो आ ऽ ऽ।

"विरथा है तेरी विद्या! खाक है तेरी पढ़ाई और राख हो गयी तेरी पिरधानी!"

यह कातर करुण स्वर, यह रोदन की लय में छटपटाती ईसुरिया?

विलापात्मक करुणा सनी प्रकम्पित आवाज...! हाथ में थमा प्याला थरथराने लगा। न जाने क्या हो पड़ा।

"अरी जल्दी आ जा! बड़े पीपरा तरें कुआँ में कूद के हरदेई ने पिरान तज दिये।"

मैं काठ हो गयी।

उलटी तरफ भागने लगी—रनवीर के कमरे की ओर। टाँगें काँप रही थीं। सासों में अवरोध टकरा रहा था।

विश्वास नहीं हो रहा था, पर भीतर कोई अदृश्य, अस्पष्ट बसूला आत्मा को छीलने में लगा था।

रनवीर बिस्तर पर नहीं थे।

देह शिला से भी भारी होने लगी। पाँव गतिहीन...। निढाल हुई आँगन में ही बैठ गयी।

किसने उलट दिया निर्णय? रात ही रात में सब कुछ विपरीत कैसे हो गया? पंचों का फैसला रद्द किसने किया? किसने रोका उसे पति के संग जाने से?

ईसुरिया ने मुझे कन्धों से झकझोर डाला, "अब बैठी ही रहेगी। आखिरी समय मुख तो देख ले। हरदेई तुझे वोट देने गयी थी। झल्लूस में झंडा उठाके चली थी तेरे नाम का।"

हाँ, उसकी अनोखी आनबान वाली छवि आँखों में तिर आयी—"वसुमती देवी जिन्दाबाद! वसुमती भाभी अमर रहें।"

ईसुरिया का शोकगीत थमा न था, "अच्छा होता वसुमती, हम अपना वोट काठ की लुठिया को दे आते, निरजीव लकड़ी को! उठाये उठती तो। बैरी पर वार तो करती। अतीचालों के विरोध में पड़ती। पर रनवीर की दुलहन, तुम तो बड़े घर की बहू ही रहीं। पिरमुख जी की पतनी। घूँघट में लिपटी पतुरिया-सी चलती रहीं, आँखें मूँद के।"

पीपल तले पहुँची।

वहाँ भी क्या हुआ? क्या होना था?

दरोगा, सिपाही और रनवीर, गाँव के मुँह देखा लोग, विराजमान थे वहाँ।

हरदेई के पिता के रोदनमय बयानों पर पुलिसिया कलम चल रही थी—“दहेज के लोभी पति से मार-पीट हुई थी, रात के समय। उसकी बिगड़ी हुई आदतों के चलते हम अपनी बेटी को नहीं भेजते थे उसके साथ। पर होनी को नहीं टाल पाये, दरोगा जी। पीरान खो दिये मेरी हरदेई ने। माँ बेहोस पड़ी है घर में।”

ईसुरिया विक्षिप्तों की तरह आगे को भागी, दहाड़ मारकर कहने लगी, “औ दरोगा जीऽ ऽ... असल बात तो...”

रनवीर ने बात बीच में ही रोक ली, “अरे! कहाँ भागे जा रही है तू? न्याय मिलेगा। उस हत्यारे को फाँसी न करवायी तो मेरा नाम रनवीर नहीं। जा घर। वसुमती को लिवा जा।”

पंचनामा कराके दरोगा जी की जीप में रनवीर सादर बैठे चले गये।

पीछे गर्द-गुबार, धुन्ध में लिपटे लोग त्राहि-त्राहि करते अपने-अपने घरों को लौट लिए।

लौटकर अपने आँगन में, मैं सन्तप्त औरतों के बीच बैठी रही। लग रहा था जैसे इसी घर से अर्थी उठी हो।

अनेक अनबूझ प्रश्न अटके थे, आसपास थकी-पथरायी आँखों में। पति-पत्नी के पुण्य-पावन सम्बन्ध के नीचे विचलित खगी और शक्तिमान अहेरी का संगमन...

क्या औरतें पहचानती थीं। अहंकारात्मक आत्मीयता को? नहीं तो वे मूक-बधिर सी उठकर क्यों चली गयी?

समय बीतता गया। प्रमुख का चुनाव आ गया।

रनवीर फिर प्रत्याशी थे।

उन्हें दम लेने की फुरसत नहीं थी इन दिनों। मेरे पास भी घर भीतर का काम बहुत अधिक था। सुबह से जला चूल्हा रात तक ही बुझ पाता। फिर भोजन के अतिरिक्त खाट-बिस्तरों का प्रबन्ध।

आवाजाही के चलते ब्याह-सा मचा था घर में।

रनवीर कहते हैं, गाँव का आदमी इतना भोला नहीं, जितना समझा जाता है। फिर वह, जो राजनीति के चक्रव्यूह भेद चुका हो, वह पारंगत तो शहरी नेताओं को पटखनी खिला दे।

एक-एक प्रधान का नखरा साधना था रनवीर को।

मेरे खयाल से तहसील-भर के प्रधानों ने हमारे घर आकर जुहार किया रनवीर को। चर्चा तो यहाँ तक हुई कि अबकी बार रनवीर, प्रमुख के बाद एम.एल.ए. के लिए खड़े होंगे।

ठीक बात थी। रनवीर बड़े चतुर हैं। बोतल-बीड़ी के निखालिस आधार पर नहीं टिकते। दुआ-सलाम में तो कतई भरोसा नहीं है उनका।

आफत-विपद में काम आने वाले आदमी ठहरे।

दरियापुर वाले इसीलिए उनसे बाहिरे नहीं हो सके। हालाँकि विपक्ष में खड़ा प्रत्याशी उनका रिश्तेदार ठहरा। कारण था, उनको ग्राह के फन्दे से भगवान् की तरह छुड़ा लाये थे रनवीर। नहीं तो बहू ने तो स्पष्ट बयान दिये थे कि बीस हजार नकद दहेज के कारण जलाया है मुझे।

बाप-बेटा फाँसी के फन्दे पर लटक गये होते, या फिर आजन्म कारावास। रनवीर की कृपा से ही तुर्रेदार साफे का गरूर बरकरार है।

हवा इस तरह की चली कि तीन प्रत्याशी चुनाव के पहले ही घुटने टेक गये। मैदान में केवल एक बचा, वह भी लुहार का लड़का।

नादान था शायद।

रनवीर सुबह ही चले गये।

मेरे लिए शाम को जीप भिजवा दी।

घर का काम था कि सिमटने में ही न आता था। बस किसी तरह पहुँच गयी।

वैसे भी जाती तो भी क्या अन्तर पड़ता। मैंने तो यही कहा था रनवीर से। वे ही नहीं माने। कहने लगे, लोग हँसेंगे कि प्रमुख जी की पत्नी प्रधान हैं और वोट देने नहीं आयीं।

वोट डालकर लौट आयी।

रनवीर रात के समय लौटे थे।

जीप की सर्चलाइट देखते ही गाँव के लोग दरवाजे की ओर जुड़ आये।

रनवीर सीधे बैठक में आ गये। वे बहुत थके हुए थे, माथे पर पसीने की बूँदें चुहचुहा रही थीं।

पानी लेकर पास जा पहुँची।

वे चुप थे।

लोग उन्हें अस्वथ्य-से देखकर इधर-उधर हो गये।

एकान्त में माथे पर हाथ फेरा तो वे अधिक गम्भीर हो उठे। चेहरा दयनीय हो आया।

थोड़ी देर में ही वे रेत में पड़ी मछली-से तड़पने लगे। समझने को कुछ शेष नहीं था मास्साब, मैं पराजय पर सान्त्वना देने लगी, "धीरज रखो। कोशिश करना तुम्हारा काम था, हार-जीत तो लगी रहती है।"

दिलासा तो दे रही थी लेकिन मेरा मन भी रुँध-खुँद गया। कभी उनके हाथ सहलाती, कभी पाँव दबाती। भीतर से कुंडी बन्द कर ली।

मास्साब, यह लिखने की बात नहीं है, पति को धीरज देने का हर सम्भव प्रयत्न किया था मैंने। मन से मन और देह से देह मिलाकर ताप हरना चाह रही थी उनका।

वे एकालाप में डूबे थे, "वे कौल, वे करार, वह गंगाजली उठाकर सौगन्ध खाना सब भ्रम था वसुमती?

"कि धोखा?"

उन्हीं अन्तरंग क्षणों में बाहर बतियाता देववीर का स्वर मेरे कानों पर हावी हो गया; "अगर एक वोट और होता तो भइया हारते नहीं। उस लुहरटा के बराबर आ जाते।"

एक वोट!

विश्वास नहीं कर सकी मैं।

सहसा मेरे भीतर सब कुछ डाँवाडोल होने लगा।

ओ मेरे अग्नि देवता। ओ सप्तपदी दिलाने वाले महापंडित! ओ मेरे जननी-जनक और मास्साब आप, मेरे गुरुवर...आपने मुझे सुख-दुःख का सहभागिनी, अर्द्धांगिनी, सहचरी बनाकर रनवीर की पत्नी के रूप में विदा किया था।

लेकिन मैं क्या करती?

अपने भीतर की ईसुरिया को नहीं मार सकी।

क्षमा करना।

साहब फिर कब आएँगे माँ!

— दामोदर खड़से

रिसेप्शन से मैनेजर के लिए फोन था—कलेक्टर ऑफिस से।... अब क्या है? मैनेजर मन-ही-मन बुदबुदाया। यह सुबह से पाँचवाँ फोन था। हर फोन कोई-न-कोई परिवर्तन लेकर आता, परन्तु झल्लाहट को औपचारिकता इस कदर ढँके रहती कि उस छोर पर कोई बात जाहिर न होती। व्यावसायिक मृदुभाषा। और इतने बड़े ग्राहक को सिर पर उठाने के अलावा मैनेजर के पास और विकल्प भी क्या था। "हैलो... मैनेजर स्पीकिंग... होटल गोल्डन गेट...।"

"देखिए, मेनू में एक खास परिवर्तन करना है...।"

"लेकिन साब... कल से तीन बार तो चेंज हो गया है...।"

"यह आखिरी होगा, पर बहुत जरूरी है...। दरअसल कल की मीटिंग में मुख्यमन्त्री भी आएँगें। इसलिए उनका लंच भी वहीं होगा...।"

"सर, हम सारी व्यवस्था कर लेंगे... सिर्फ सिक्योरिटी के बारे में आप ठीक से...।"

"सिक्योरिटी तो हम देखेंगे ही, पर लंच के बारे में मन्त्रालय से खास हिदायतें हैं। इसे ठीक से नोट कीजिए।" कलेक्टर का पी.ए. पूरी अधिकार-वाणी से बोल रहा था।

मैनेजर के पैड पर दो शब्द उभरे 'मक्के की रोटी' और 'सरसों का साग'। इसी के साथ तेल की, मिर्च की मात्रा... और सब कुछ बिल्कुल सादा।

'गोल्डन गेट' के मैनेजर ने 'यस सर' इतनी बार कहा कि हिदायतों की संख्या आसानी से गिनी जा सकती थी। मैनेजर तो था ही इसी काम के लिए। वैसे मुख्यमन्त्री जैसा मेहमान उसके होटल में पहली बार आ रहा था। इसका लाभ पब्लिसिटी के लिए भी होगा। मुख्यमन्त्री हैं तो कोई घोषणा भी होगी। उसके होटल का नाम दूर-दूर तक गूँजेगा, बिना किसी खर्च के...

मैनेजर के आदेश थे कि सब कुछ ठीक से होना चाहिए। होटल के मालिक भी इस व्यवस्था को लेकर सतर्क थे। आखिर मन्त्रालय से उनके सम्पर्क हैं, जिनके कारण यह मीटिंग उनके होटल में हो रही है। दूसरे उन्होंने युक्ति सुझायी कि किसी और होटल से इसका इन्तजाम किया जाए, लेकिन इससे दूसरे होटल को इसका श्रेय

जा सकता था या इसका अपप्रचार भी हो सकता था। होटल की अपनी प्रतिष्ठा है और आजकल अखबार भी... ओफ... इनको सामग्री पता नहीं क्यों नहीं मिल पाती। वे ऐसी बातें जरूर छाप देते हैं। आखिर वहाँ पत्रकार भी होंगे। कोई विरोधी उनके कान में यह डाल सकता है।

इतने में मुख्य रसोइये ने मैनेजर से मुलाकात की। प्रसन्न था वह। विजयी मुस्कान बता रही थी कि उसने कोई समाधान पा लिया है, "सर, बात बन जाएगी. .. मैंने मंगली से बात की..."

मैनेजर ने चौंककर पूछा, "यह मंगली कौन है?"

"सर, वो बर्तन माँजनेवाली।"

"आप निश्चिन्त रहें सर... सब इन्तजाम हो जाएगा।"

मैनेजर ने तुरन्त होटल मालिक को बताया और सबने राहत की साँस ली।

आज मंगली की स्थिति होटल के 'सेफ' की तरह हो गयी। अचानक महत्त्व मिलने पर वह कुछ हड़बड़ायी। आज उसे खाना पकाना है। किसके लिए, उसे नहीं मालूम, पर आज उसकी जरूरत महसूस हुई, इससे उसे बहुत अच्छा लगा। प्रसन्न हुई वरना होटल के पिछवाड़े ढेरों बर्तनों के बीच वह अपनी साथिनों के साथ बर्तन माँजती रहती और जूठन की भी मोहताज रहती। प्लेटें उठानेवाले बेयरों तक ही सारा अच्छा जूठन गायब हो जाता, आज तो वह खुद पकाएगी, लेकिन उस पर रसोइयों का विश्वास नहीं था कि वह मुख्य मेहमान को सचमुच खुश कर सकेगी, परन्तु मंगली में आत्मविश्वास था।

मंगली को सारा सामान मुहैया किया गया। कल सुबह खास मेहमान के भोजन का भार उस पर था। इसलिए अचानक आज उसकी हैसियत बढ़ गयी थी। आज काम करते हुए किसी ने उसे नहीं डाँटा। रात को घर लौटते समय उसे भोजन दिया गया। उसने नहीं खाया। छोटे बेटे की याद आ गयी। बँधवा लिया उसने पूरा भोजन। आज अचानक अपने लिए इतना सम्मान पाकर वह फूली नहीं समा रही थी। हालाँकि उसे बचा भोजन ही दिया गया था, पर इससे क्या फर्क पड़ेगा। वह कितने दिनों बाद अपने बच्चों को ठीक से खिला पाएगी और इतना बढ़िया खाना पाकर वे कितने खुश होंगे।

होटल से निकलते समय उसे कितनी बार हिदायतें दी गयीं। वह चुपचाप सुन रही थी। जिसे आज तक रसोई में घुसने न दिया गया हो, उसे कल भोजन बनाना है—मक्के की रोटी और साग...

उसने सबको अपनी ओर से आश्वस्त किया। आश्वस्त क्या करना था। बस गर्दन झुकाकर हामी भरनी थी।

भोजन का प्लास्टिक का बैग हाथों में लेकर कितनी प्रसन्न थी वह। उसके पैर

अचानक पंख लगने लगे उसे। घर की ओर तेज कदमों से निकली वह। बार-बार पलास्टिक की थैली को ठीक से टटोलती—इसमें क्या-क्या होगा... कितना होगा। तीनों बच्चों को पूरा पड़ेगा या नहीं... पता नहीं किस-किस बात का अन्दाज लगाकर वह अपनी झोंपड़ी की ओर चल पड़ी।

होटल से बाहर की दुनिया उसके लिए चिर-परिचित है। बिल्कुल बाहर ही भिखारियों की भूखी आँखें देखने का उसे मौका नहीं मिलता। आज भिखारियों की ओर उसने देखा, परन्तु भिखारी उसकी ओर क्यों देखते? वे अपने ग्राहक तलाशने में जुटे थे। दूसरे लोगों को देखते ही भिखारियों का हुजूम अपना राग अलापने लगता। प्लास्टिक की थैली को उसने कब पोटली बना लिया, उसे भी नहीं मालूम। बगल में मजबूती के साथ उसने दबा लिया। अचानक ही उसके मन में आया कि कोई इसे झपट ले तो वह क्या कर लेगी, परन्तु किसी भिखारी ने उसकी ओर देखा तक नहीं। फिर भी उसके कदमों में एक बेचैनी थी, जल्दी घर पहुँचने की। आज उसका आदमी भी नहीं घर पर। वह चौकीदार है और आज उसकी रात-पाली है। कितना अच्छा होता, वह भी आज घर पर होता। बस, खाने का दृश्य ही उसकी आँखों के सामने घूम-घूम जाता।

रास्ते में कई-कई बार उसके दिमाग में मक्के की रोटी और सरसों के साग को बेहतर ढंग से बनाने के विचार उभरते, परन्तु वे ज्यादा देर तक न टिकते। बच्चों के चेहरे दिमाग में उभरते ही उन्हें बगल में दबाया खाना खाते वह देखती होती। गन्ध भी कम अच्छी नहीं थी।

बहुत दिन बाद उसे अपना ही घर दूर लगने लगा। कितनी देर से चल रही है वह! रोज घर जाते समय उसके मन पर बोझ होता, खाना बनाने का। बच्चे आसपास से लकड़ियाँ चुन लाते थे। आदमी अक्सर शराब पीकर आता। घर में खाने की रोज किल्लत। घर पहुँचने पर बच्चों का किसी से झगड़ा। उसका काम से लौटना—एक थका शरीर और अभावग्रस्त निराशा के अलावा कुछ न होता। इसलिए घर भी कम शक्ति का चुम्बक ही होता। वह भारी कदमों से घर की ओर निकलती पर आज स्थिति उल्टी थी। घर भाग रहा था उससे और वह उतावली हो रही थी, घर पहुँचने के लिए।

घर पहुँची और छोटे बेटे को बेतहाशा चूमने लगी। दो साल का होगा। उसे छह साल की बेटी सँभालती है। दस साल का बड़ा बेटा पिछले दिनों से होटल के एक ठेले पर काम करता है। पानी और चाय पहुँचाता है वह। अभी तक वह घर नहीं लौटा था। पहाड़ की तराई पर बसी यह झोंपड़पट्टी बहुत घनी थी। उसने झट टीन का दरवाजा खींच लिया और ढिबरी जलाकर दोनों बच्चों को दुलारने लगी। थैली खोली तो उसमें काफी खाना था, परन्तु इतना भी नहीं था कि पाँचों के लिए पूरा पड़े। फिर भी उसने थोड़ी मिठाईनुमा चीजें निकालकर अलग रख दीं, अपने आदमी

और बड़े बेट के लिए। कुछ पुलाव और रोटी-साग दोनों बच्चों को परोसा। ऐसी रोटी की गन्ध बच्चों को पहली बार करीब से मिल रही थी। उसे तो फिर भी कभी-कभी कुछ मिल जाता था होटल में, पर चीजें खराब हो जाने पर ही उस तक पहुँच पातीं।

बड़े बेटे के आने तक वह जागती रही। उसी के साथ थोड़ा खाना खाया। बेटा थका हुआ था। खाना खाते ही सो गा। अब वह अकेली रह गयी। बच्चे खाकर सो गये। उनके चेहरे का सन्तोष उसे सुख दे रहा था। अब उसके दिमाग में कल के भोजन का एक-एक दृश्य घूमने लगा।

पति के न होने के कारण वह खाना भी न खा पायी। बच्चों के साथ चखा बस, उतना ही। अकेले खाना उसे कुछ अपराध-सा लगने लगा। सुबह जल्दी उठने की मजबूरी में वह आज जल्दी सोना चाहती थी। आज सुबह का बचा-खुचा खाकर वह भी सोने की कोशिश करने लगी। आज उसे खाना नहीं बनाना पड़ा, यह उसके लिए कम सुखद नहीं था।

आज की रात भी समूची झोंपड़पट्टी में कहीं न कहीं गाली-गलौज, झगड़ा-फसाद और चीखने-चिल्लाने की आवाजें उठ रही थीं। उसके लिए पड़ोस में शराब पीकर पति द्वारा पिटती पत्नी का प्रतिकार और पति की गालियाँ कोई नयी नहीं थीं। ऐसी घटनाएँ उसकी झोंपड़ी में भी उठती हैं कभी-कभार। कोई ऐसे झगड़ों में दखल नहीं देता। सब कुछ अपने आप ही शान्त हो जाता है। उसे कब नींद लग गयी, पता ही नहीं चला। वह नींद में भी कुछ बुदबुदा रही थी। उसके चेहरे पर आज सुबह के लिए खौफ नहीं, एक जिज्ञासा थी। उसे याद नहीं पड़ता कभी जिज्ञासा लेकर वह सोई हो, पर आज उसके चेहरे पर जिज्ञासा के भाव थे। आँखें जितनी गहरी मुँदी थीं, दिमाग उतने ही रंगीन दृश्य बटोरने लगा था... सरसों का साग और मक्के की रोटी बड़े साहब को खूब पसन्द आयीं। सब खुश हुए, सभी उसी की चर्चा करने लगे। होटल में यह भोजन हमेशा के लिए चल निकला... और वह स्थायी तौर पर वहाँ रसोइये की हैसियत से रख ली गयी। बच्चों को खाने की किल्लत नहीं है। उसके आदमी ने बहुत मिन्नतों के बाद पीना छोड़ दिया है। बड़ा बेटा अब पास के नगरपालिका स्कूल में पढ़ने जाने लगा है। उसकी झोंपड़ी अब कोई नहीं उजाड़ सकता। अब तो नल और बिजली के कनेक्शन भी आ गये हैं। देखते-देखते शहर में 'गोल्डन गेट' का पर्याय सरसों का साग हो गया है... उसे अपने इस हुनर पर गर्व हुआ... उसने करवट बदली और कानों ने पानी के लिए बर्तन टकराती आवाजें सुनीं।

हड़बड़ाकर उठी वह। देर तो नहीं हो गयी? पर नहीं, अभी तो सूरज भी नहीं उगा है।

नहा-धोकर वह होटल पहुँच चुकी थी, पर होटल सुनसान था। कोई बात नहीं, वह इन्तजार क्रर लेगी।

थोड़ी ही देर में पूरे होटल परिसर को पुलिस के हवाले कर दिया गया। दस बजे से ही भीड़ शुरू हो गयी थी। दरअसल लघु उद्योग पर राज्य स्तर की एक मीटिंग मुख्यमन्त्री को अध्यक्षता में ही होनी थी, पर किसी कारणवश वे नहीं आ रहे थे, लेकिन समय पर उनकी उपस्थिति से कई प्रकार के परिवर्तन करने पड़े। मुख्यमन्त्री के आते ही पूरा होटल ज्यों चुम्बक की तरह उसकी ओर मुड़ गया। मुख्यमन्त्री अपने पाइप से धुआँ उड़ाते किसी स्थानीय नेता से बात कर रहे थे। हॉल में गहमागहमी थी।

मुख्यमन्त्री ने अपना भाषण दिया। कोई दस मिनट वे बोले होंगे। इसमें से पाँच मिनट स्थानीय नेताओं की प्रशंसा में निकल गये। पाँच मिनट से यही संकेत मिला कि लघु उद्योगों को प्रोत्साहन मिलना चाहिए। गरीबों का उत्थान होना चाहिए। फिर अचानक वे 'गैट' पर भी कुछ बोले, परन्तु इसके बारे में कुछ भी किसी को स्पष्ट नहीं हुआ।

छुटभैये नेता मुख्यमन्त्री के साथ फोटो खिंचवाने में अपना सारा अस्तित्व ही दाँव पर लगा रहे थे। कोई समस्या के कागज उन्हें थमाता, कोई कान में कुछ कहता लगता... कोई और करीब आने की कोशिश करता। मुख्यमन्त्री सबके साथ भोजन लेने लगे। हालाँकि उनके लिए अलग से व्यवस्था की गयी थी।

फिर अचानक उन्होंने होटल मैनेजर को बुलवाया। मैनेजर वहीं मँडरा रहा था। मुख्यमन्त्री ने मक्के की रोटी और सरसों के साग की भरपूर तारीफ की। यहाँ तक कहा कि बरसों बाद इतना मनपसन्द खाना बना है। मुख्य रसोइया 'थैंक्स' की रट लगा रहा था।

मुख्यमन्त्री द्वारा प्लेट रखते ही सरकारी अधिकारियों की प्लेटें भी नीचे आने लगीं।

सब लोग मुस्तैदी से होटल के बाहर जमा हो गये थे। मुख्यमन्त्री पाइप से धुआँ उगलते गोल्डन गेट से बाहर निकल चुके थे। आयोजकों को छोड़कर सभी जाने की तैयारी में थे।

मंगली की बड़ी इच्छा थी, बड़े साहब को देखने की, परन्तु वह नहीं देख पायी। हाँ, मुख्य रसोइया आया। बहुत खुश था। उसने मंगली को पचास रुपये दिये। जिस टोकरे में मंगली सरसों का साग लायी थी, वह टोकरी भी उसने भर दी थी—रोटियाँ, पुलाव और साग-भाजी, सब एक साथ मिल गया था। निकलते समय वह मुख्य रसोइये से मिलना चाहती थी, परन्तु वह जा चुका था।

वह भी अपना टोकरा उठाकर होटल से निकल पड़ी। पूर्ववत अनजान और अपरिचित।

घर पहुँची तो देखा—छह साल की बेटी उसका बेसब्री से इन्तजार कर रही है। टोकरा उतारकर झोंपड़ी में रखते ही वह सारे सने हुए भोजन से अपनी मनपसन्द

चीजें निकाल रही थी। नन्हा बेटा भी टोकरी पकड़कर खड़ा था।

वह कहना चाह रही थी, "अरे, कुछ धीरज रखो," पर वह कुछ नहीं कह पायी। वहीं बैठ गयी। बच्चे दोनों टोकरी से चीजें निकालकर खा रहे थे। आज भरपूर था, इसलिए अलग निकालने की आवश्यकता उसने महसूस नहीं की। सिर्फ डर था, कहीं रात तक खराब न हो जाये। आज भी उसकी इच्छा नहीं थी खाने की, पर भूख लगी थी। उसने भी बाद में बच्चों के साथ उस टोकरे से खाया।

रात में उसने बच्चों को बताया था, "होटल में बहुत बड़े साहब आएँगे। उनके लिए खास भोजन बनेगा...।"

बच्चों का पेट भर गया था। वे टोकरे से अलग हो गये। घड़े से पानी पिया। एक गिलास पानी मंगली को देते हुए उसकी छह साल की बेटी ने पूछा, "माँ, साहब फिर कब आएँगे?"

सपना

– ओमप्रकाश वाल्मीकि

बाँस, सागवान और महुवे का मीलों तक फैला जंगल साफ करके कारखाने का निर्माण हुआ था। आधुनिक सभ्यता के तौर-तरीकों से अछूती शस्य-श्यामला भूमि को निर्ममता से रौंद डाला गया था। बुलडोजर, मशीनें, ट्रैक्टर, मोटरें दिन-रात काम में जुट गये थे। मध्य प्रदेश, बिहार और यू.पी. के मजदूरों ने रात-दिन काम करके कारखाने की इमारतें खड़ी कर दी थीं। देखते-ही-देखते प्राकृतिक वन-प्रान्त की जगह क्रंकीट का जंगल उग आया था।

कारखाने के साथ ही आवासीय कॉलोनी भी बसायी गयी थी। जिसमें स्कूल, अस्पताल, बाजार, डाकघर, खेल के मैदान, क्लब, सिनेमाघर आदि सभी सुविधाएँ जुटायी गयी थीं।

प्रोजेक्ट अधिकारी के.के. शर्मा की निगरानी में कारखाने और कॉलोनी का तमाम निर्माण कार्य हुआ था। कॉलोनी को हरा-भरा रखने के लिए बहुत बड़ी संख्या में पेड़-पौधे लगवाये थे के.के. शर्मा ने। लेकिन उन्हें फलता-फूलता देखने से पहले ही उनका तबादला हो गया था, और उनकी जगह आ गये थे शिरोड़कर। गजानन सदाशिव शिरोड़कर एक बहुमुखी प्रतिभा के अधिकारी माने जाते थे। पूरे विभाग में उनकी धाक थी। भारी कद-काठी के नाटे-से शिरोड़कर पतलून की जेबों में हाथ डालकर हमेशा तेज कदमों से चलते थे। उनके चेहरे पर हमेशा मुसकान रहती थी।

उनके आते ही जहाँ प्रशासन में चुस्ती आ गयी थी, वहीं कॉलोनी में नाटक, साहित्य, खेलकूद के साथ-साथ सामाजिक, धार्मिक गतिविधियाँ भी बढ़ने लगी थीं।

शाम के वक्त, पत्नी के साथ सड़क पर दूर तक टहलना शिरोड़कर की खास आदत थी। टहलते-टहलते कॉलोनी से दूर हाइवे तक निकल जाते थे।

कॉलोनी के एक ओर कारखाने की सीमा शुरू हो जाती थी। तीन ओर से वृत्ताकार राष्ट्रीय सड़क मार्ग ने सड़क को बाँध रखा था, जिस पर पहुँचने के लिए तीन अलग-अलग दिशाओं में सड़कें बनायी गयी थीं, प्रत्येक सड़क पर एक-एक चेक पोस्ट बनाया गया था। जहाँ चौबीसों घंटे सुरक्षाकर्मी आने-जाने वालों पर निगरानी रखते थे।

शहर कॉलोनी से लगभग तीस किलोमीटर दूर पड़ता था, शहर की ओर जाने वाली सड़क के चेक पोस्ट के पास ही एक ओर श्मशान के लिए भूमि आरक्षित की गयी थी, दूसरी ओर एक खूबसूरत बगीचा बनाया गया था, नहरें और फब्बारे थे, फलों वाले वृक्ष थे, किसिम-किसिम के फूल थे। घास थी। चिड़ियाघर था। एक छोटा-सा संग्रहालय भी था। बच्चों के खेलने की तमाम चीजें थीं। यानी कुल मिलाकर एक आकर्षक पिकनिक स्थल बनाया गया था।

पश्चिम की ओर पड़ने वाली चेक पोस्ट के पास एक ऐतिहासिक महत्त्व का गाँव था। जो कारखाना खुलने से विकसित होने लगा था। इसी गाँव के नाम पर एक छोटा-सा रेलवे स्टेशन भी था। जाहँ छोटी पैसेंजर गाड़ियाँ रुकती थीं। लेकिन कारखाना खुलने से मालगाड़ियाँ और एक एक्सप्रेस भी रुकने लगी थी।

इसी गाँव में एक भव्य जैन मन्दिर भी था। बौद्ध गुफाएँ भी थीं। पुराने किले का खँडहर था। जिसमें पुरातत्त्व की अनेक महत्त्वपूर्ण कलात्मक मूर्तियाँ, इमारत के स्तम्भ, बावड़ी के अवशेष लापरवाही से बिखरे पड़े थे।

तीसरा चेक पोस्ट दक्षिण-पश्चिम दिशा में पड़ता था। यह सड़क राष्ट्रीय सड़क मार्ग को काटती हुई सात-आठ किलोमीटर दूर नदी तक चली गयी थी। जहाँ से पूरी कॉलोनी और कारखाने को पानी की आपूर्ति होती थी।

इस सड़क पर शिरोड़कर का बँगला था। यह कॉलोनी का एक छोर था। जहाँ हर समय शान्ति रहती थी। आवागमन भी इस ओर कम था। शिरोड़कर शाम को इसी सड़क पर टहलते थे। राष्ट्रीय सड़क मार्ग से पहले एक बड़ी-सी पुलिया थी। जिस पर कुछ देर बैठकर वे सुस्ताया करते थे। शाम के धुँधलके में वृत्ताकार सड़क पर दौड़ती गाड़ियों की बत्तियाँ मोहक दृश्य उत्पन्न करती थीं। पुलिया पर बैठकर यह सब शिरोड़कर को अच्छा लगता था। दिन-भर के तनाव से मुक्त होकर हलकापन महसूस करने लगता था शिरोड़कर।

राष्ट्रीय सड़क मार्ग और शिरोड़कर के बँगले के बीच लम्बा-चौड़ा विस्तृत मैदान खाली पड़ा हुआ था। जिसमें इक्का-दुक्का पेड़ बचे रह गये थे।

पुलिया पर बैठकर शिरोड़कर जब भी इस मैदान को देखता उसके मस्तिष्क में कई प्रकार की कल्पनाएँ आकार लेने लगती थीं। कभी वह सोचता, इस मैदान में एक बड़ा-सा कॉलेज होना चाहिए। कभी सोचता, कोई शोध संस्थान बनना चाहिए। जब भी वह पुलिया पर बैठता इसी तरह के विचार उसके मन में उमड़ते रहते थे। खुली आँखों से तरह-तरह के सपने देखने लगता था शिरोड़कर।

शिरोड़कर को खामोश देखकर, एक दिन पत्नी ने पूछ ही लिया, "आप इस पुलिया पर बैठते ही किस सपने में खो जाते हो?"

"हाँ, सपना ही देखता हूँ, खुले दिमाग और खुली आँखों से। इतनी जगह खाली

पड़ी है...बस...सोचता हूँ इस विस्तृत मैदान में कुछ बनना चाहिए।" शिरोड़कर ने दूर क्षितिज पर लाल-लाल डूबते सूरज को निहारते हुए कहा।

"तो कुछ बनवा क्यों नहीं देते?" पत्नी ने चहकते हुए कहा।

"क्या बनवाया जाए...इसी पर तो विचार कर रहा हूँ।" शिरोड़कर ने धीरे से कहा।

"इस कॉलोनी में सब कुछ है... लेकिन कोई मन्दिर नहीं है। इतने घर हैं इस कॉलोनी में लेकिन भगवान का एक भी घर नहीं है।" पत्नी ने उलाहना देते हुए कहा।

शिरोड़कर खुशी से उछल पड़ा, "ठीक कह रही हो...मन्दिर तो होना ही चाहिए. ..कोई एक मन्दिर नहीं बल्कि चर्च, गुरुद्वारा, मस्जिद सब कुछ एक साथ होना चाहिए। साझा। साझी संस्कृति के साझे मन्दिर...कितना अच्छा होगा, मन्दिर में शंख ध्वनि होगी। मस्जिद में अजान, चर्च का घण्टा बजेगा। गुरुद्वारे में सबद-कीर्तन होगा...सचमुच एक आदर्श जगह होगी।"

अगले रोज शिरोड़कर ने कारखाने के कुछ विशिष्ट लोगों को बुलाकर अपनी योजना बतायी। और एक मन्दिर परिसर समिति का गठन कर दिया। जिसमें सभी समुदाय के लोगों को शामिल किया गया था। वशीर अहमद, सरदार किरनपाल सिंह, नटराजन, मैथ्यू आदि को मिलाकर एक केन्द्रीय समिति बनायी गयी थी। इन सदस्यों ने अपने-अपने समुदाय के लोगों की एक-एक उपसमिति बनाकर मन्दिर, मस्जिद, गुरुद्वारा के निर्माण की योजना को साकार करना शुरू कर दिया था।

इस समिति में बौद्ध छूट गये थे। जबकि कर्मचारियों में बौद्ध काफी थे। जब बोद्धों को समिति की जानकारी मिली तो वे कुछ नाराज हुए थे। उन्होंने शिरोड़कर से अपनी बात पहुँचायी और भगवान गाड़ेकर के माध्यम से काफी जद्दोजहद और चर्चा के बाद शिरोड़कर सहमत हो गया था। और भगवान गाड़ेकर को बौद्धों के प्रतिनिधि के रूप में केन्द्रीय समिति में रख लिया था। गुरुद्वारे के पास वाली जमीन बौद्ध-विहार के लिए आरक्षित कर दी थी। बौद्धों ने उसी रोज उस जमीन पर बुद्ध-वन्दना करके एक पौधा रोप दिया था। और प्रत्येक पूर्णिमा के दिन बुद्ध-वन्दना करने लगे थे।

वैसे तो सभी समितियाँ सक्रिय हो गयी थीं। लेकिन सबसे पहले नींव पड़ी थी गुरुद्वारे की। हफ्ते भर में ईंटें, पत्थर, सीमेंट, लोहा, रेत ट्रकों में भर-भरकर आने लगा था। देखते-ही-देखते गुरुद्वारे की दीवारें ऊपर उठ गयी थीं। प्रांगण में झंडा फहराने लगा था।

तमाम कोशिशों के बाद भी नटराजन मन्दिर समिति का विधिवत गठन नहीं कर पाया था। नटराजन की तमाम कोशिशें फेल हो गयी थीं। थक-हारकर उसने शिरोड़कर से कहा, "सर, गुरुद्वारा बनना भी शुरू हो गया है और हमारी तो अभी

तक उपसमिति ही नहीं बन पायी है।"

"लेकिन क्यों?..." शिरोड़कर ने कुर्सी पर पीठ टिकाते हुए कहा।

"अब क्या बताएँ सर। हर कोई सचिव या कोषाध्यक्ष बनना चाहता है।" नटराजन ने विषादपूर्ण शब्दों में कहा।

"ठीक है...कल तीन बजे सबको बुलाओ...मैं देखता हूँ।" शिरोड़कर ने निर्णय दे दिया।

अगले रोज बैठक शुरू होते ही शिरोड़कर ने सबको बुरी तरह लताड़ा। सब चुप्पी साधे बैठे थे। सबको जैसे साँप सूँघ गया था। शिरोड़कर का गुस्सा एक-एक शब्द में भरा हुआ था। उसके चेहरे पर छाई रहने वाली मुस्कान गायब थी। उसने एक उपसमिति का गठन करके नटराजन को सचिव, एम.के. गुप्ता को कोषाध्यक्ष और सुनील कुमार सिंह को उपाध्यक्ष बनाकर, नटराजन को यह अधिकार दे दिया कि वह जिसे चाहे कार्यकारिणी का सदस्य बना ले। काम जल्दी शुरू हो जाना चाहिए। साथ ही यह भी हिदायत दे दी कि एक हफ्ते के भीतर मन्दिर का नक्शा, रूपरेखा, बजट बताने होंगे। साथ ही यह भी बताना होगा कि मन्दिर कब तक पूरा हो जाएगा।

उपसमिति की पहली बैठक काफी जोर-शोर से शुरू हुई थी। सभी सदस्य और पदाधिकारी उत्साह में थे। लेकिन इस बात से सभी दुखी और चिन्तित थे कि गुरुद्वारा बनना भी शुरू हो गया है और मन्दिर उपसमिति की यह पहली ही बैठक हो रही है।

बैठक अनौपचारिक ढंग से शुरू हुई थी। नटराजन ने प्रस्ताव रख दिया कि बालाजी का मन्दिर बनाया जाए। प्रस्ताव रखते ही सुनील कुमार सिंह कुर्सी से उचक गये।

"बालाजी?...बालाजी का मन्दिर...क्यों भई...बालाजी का मन्दिर ही क्यों?" सुनील कुमार सिंह ने आश्चर्य से पूछा।

नटराजन ने सुनील कुमार सिंह को ऐसे घूरा जैसे धर्मपरायणों के बीच कोई अधर्मी आ गया हो।

"तुम बालाजी भगवान को नहीं जानते? हमारा सबसे बड़ा भगवान है?" नटराजन ने उसे प्रभावित करने की कोशिश की।

"नटराजन जी, यहाँ हिन्दू मन्दिर बनाने की बात हो रही है। आपके भगवान का मन्दिर बनाने की नहीं।" सुनील कुमार सिंह ने दृढ़ता से उसकी बात को नकार दिया।

"तो क्या बालाजी आपका भगवान नहीं है?" नटराजन ने दुःखी स्वर में कहा। उसके माथे पर लगा चन्दन सूखकर झरने लगा था।

"मैं तो इतना जानता हूँ, हमारे उत्तर प्रदेश में मन्दिर का मतलब है शिवालय

यानी शिव मन्दिर। कहीं-कहीं पर लक्ष्मीनारायण मन्दिर भी मिल जाएँगे। यह बालाजी का नाम तो मैं पहली बार सुन रहा हूँ। हाँ, ज्यादा ही है तो राम या कृष्ण या बजरंगबली का मन्दिर बनाओ। ऐसे भगवान का मन्दिर बनाकर क्या होगा, जिसका नाम भी ना सुना हो।" सुनील कुमार सिंह ने तर्क देते हुए कहा।

नजराजन चिढ़ गया। तमतमाकर बोला, "कभी तिरुपति गये हो?"

"नहीं।"

"दक्षिण भारत देखा है?"

"नहीं..."

"तो तुम्हारा भारत कितना बड़ा है। कुछ जानते हो?...नहीं जानते...? देखो सिंह ...मन्दिर तो बालाजी का ही बनेगा... यदि नहीं बना तो मैं यहाँ भूख हड़ताल करूँगा ...जरूरत पड़ी तो आत्मदाह भी करूँगा...मैं मरने से नहीं डरता...कहे देता हूँ...यह मेरा आखिरी फैसला है।" नटराजन ने जोर देकर कहा।

"ओए, तू कौन होता है फैसला देने वाला...अएँ...और हम तेरे फैसले को क्यों मानें?" सुनील कुमार सिंह उखड़ गया।

"तू-तड़ाक की बोली मत बोलो सिंह...हम शरीफ और गॉड फियरिंग आदमी हैं। हम यह सब सुनना पसन्द नहीं करते..." नटराजन ने मिमियाते हुए कहा।

दोनों व्यक्तिगत स्तर पर उतर आये थे। नतीजा यह हुआ कि बैठक की कार्यवाही धरी-की-धरी रह गयी। नटराजन और सुनील कुमार सिंह अपनी-अपनी बात पर अड़ गये थे। अन्य सदस्यों ने दोनों को बहुत समझाने की कोशिश की, लेकिन दोनों ही टस-से-मस नहीं हुए।

एम.के. गुप्ता थे तो कोषाध्यक्ष, लेकिन उम्र में और कारखाने में पद के लिहाज से वरिष्ठ थे। उसने दोनों को समझा-बुझाकर बैठक स्थगित कर दी और अगली बैठक में इसी मुद्दे पर चर्चा करने का प्रस्ताव रखा।

इसके बाद कई बैठकें हुईं लेकिन यह तय न हो सका कि मन्दिर किस भगवान का बने। अभी तक सिर्फ बालाजी और शिव जी ही पंक्ति में थे। अब कुछ नये नाम भी प्रस्तावित सूची में जुड़ गये थे। कई लोगों का कहना था राम मन्दिर ही बने, कोई अयप्पा या विष्णु मन्दिर के पक्ष में था, कोई गणेश मन्दिर या हनुमान मन्दिर के पक्ष में। एक सदस्य ने यह विचार भी रखा कि झगड़ा खत्म करो और सन्तोषी माँ का मन्दिर बनवा दिया जाये।

इस तरह जब कोई हल नहीं निकला तो मन्दिर का मसला धीरे-धीरे ठंडा पड़ गया था। इसी बीच शिरोड़कर का भी तबादला हो गया और उनकी जगह आ गये रामास्वामी।

एक दिन अवसर मिलते ही नटराजन रामास्वामी के सामने मन्दिर परिसर की चर्चा छेड़ दी।

रामास्वामी ने नटराजन की पूरी बात सुनकर कहा, "जब गुरुद्वारा बन चुका है, चर्च बनने वाला है, तो मन्दिर बनने में क्या अड़चन है? काम शुरू करो?"

"अड़चन तो कुछ नहीं है साहब, मन्दिर उपसमिति बनायी थी शिरोड़कर साहब ने। उसकी कई बैठकें भी हुई थीं। लेकिन...।" नटराजन कहते-कहते रुक गया।

"लेकिन क्या...बात पूरी करो मि. नटराजन।" रामास्वामी ने सख्त लहजे में कहा।

"उस समिति में एक ऐसा एलीमेंट (तत्त्व) है साहब, जो कुछ करने ही नहीं देता है। हर बात में टाँग अड़ाता है। भगवान बालाजी को भी गाली देता है..." नटराजन को मन की बात कहने का मौका मिल गया था।

"तो उसे समिति से बाहर कर दो।"

"कैसे कर दें साहब... शिरोड़कर साहब का आदमी है। उन्होंने ही उसे समिति में रखा था।"

"ठीक है...अब शिरोड़कर नहीं, हम हैं। नयी समिति का गठन करो...उसे समिति से अलग कर देना...बाकी मैं देख लूँगा, वैसे भी ऐसे कामों में डिस्टर्बिंग एलीमेंट नहीं चाहिए, लेकिन छह महीने के अन्दर-अन्दर मन्दिर बनना चाहिए।" रामास्वामी ने समय-सीमा बाँध दी थी।

नटराजन प्रसन्न मुद्रा में उपसमिति के नये गठन के साथ रामास्वामी के केबिन से बाहर आया। उपसमिति में उसने अपने पक्ष के लोगों को शामिल कर लिया था। उपसमिति की पहली ही बैठक में बालाजी मन्दिर का प्रस्ताव पारित कर लिया था, बैठक में रामास्वामी को विशेष रूप से आमन्त्रित किया गया था। बालाजी मन्दिर का प्रस्ताव नटराजन ने रखा था। रामास्वामी ने उस पर मोहर लगा दी थी। उसके बाद विरोध का तो प्रश्न ही नहीं उठता था।

चन्दा उगाही के लिए नटराजन ने एक अलग से समिति बनायी थी। जिसमें ऋषिराज को खासतौर पर रखा गया था।

ऋषिराज को समिति में लाने की नटराजन की सोची-समझी योजना थी। ऋषिराज कारखाने में वर्कर जरूर था। लेकिन काफी जुझारू किस्म का नौजवान था। जो हर प्रकार की गतिविधियों में पूरी तरह लगन और ईमानदारी से जुटा रहता था। लोग उसकी इज्जत करते थे। काम करने के लिए उसकी अपनी टीम थी। जो सामाजिक कार्यों के साथ-साथ थिएटर तक करती थी। कई बुद्धिजीवी किस्म के कर्मचारी भी ऋषिराज के साथ थे। वह स्वयं भी काफी जागरूक और अध्ययनशील था। दिन-रात समाज-सेवा में जुटा रहता था।

जब नटराजन ने ऋषिराज से मन्दिर निर्माण के कार्य में मदद माँगी तो उसने बिना तर्क-वितर्क के हामी भर दी। उसके साथियों में एक विनय नाम का नौजवान था। उसने ऋषि को टोका, "ऋषि ये सब किसलिए? मन्दिर बनाकर ये लोग किस

समस्या का समाधान करना चाहते हैं। यहाँ की सबसे बड़ी समस्या तो कॉलेज है। जिसकी जरूरत आज भले ही कोई महसूस न करता हो, लेकिन आने वाले वर्षों में यह समस्या गम्भीर रूप धारण करेगी। क्यों नहीं ये लोग इतनी ही तत्परता से कॉलेज खोलने की बात उठाते है जबकि हम लोगों ने शिरोड़कर से कितनी बार इस विषय में बात की थी। वे भी सिर्फ आश्वासन ही देते रहे। उन्होंने अपनी ओर से कभी पहल नहीं की।"

विनय की बात सुनकर ऋषिराज क्षण भर के लिए चुप हो गया। कुछ सोचते हुए बोला, "ठीक कहते हो...लेकिन यदि मन्दिर बन भी गया तो हर्ज क्या है, कॉलोनी में एक जगह बन जाएगी। आख़िर कुछ लोग तो सुबह-शाम वहाँ जाकर बैठेंगे। रही कॉलेज की बात...उसके लिए हम लोग प्रयास करेंगे। मुझे उम्मीद है, कॉलेज खोलने की अनुमति मिल जाएगी।"

ऋषि पूरी लगन से मन्दिर के लिए चन्दा एकत्र करने में जुट गया था। घर-घर जाकर उसने चन्दा इकट्ठा किया था। आसपास के ठेकेदारों, उद्योगपतियों, व्यापारियों से उसने सहयोग माँगा था। मुम्बई के कलाकारों को बुलाकर चैरेटी शो किये थे।

मन्दिर का निर्माण कार्य तीव्र गति से शुरू हो गया था। ऋषि और उसकी पूरी टीम काम में जुट गयी थी, रात-दिन काम हो रहा था। ऋषि ने लोगों से श्रमदान की अपील की थी। लोग आने लगे थे।

ऋषि को जब भी कोई अड़चन आती थी या किसी खास जगह किसी विश्वसनीय व्यक्ति को भेजना होता था, वहाँ वह अक्सर अनिल कुमार गौतम को ही भेजता था, दोनों एक ही अनुभाग में थे। पड़ोसी भी थे। पारिवारिक स्तर पर गहरी आत्मीयता थी। मन्दिर के काम में अनिल कुमार गौतम ऋषिराज का साथ हर कदम पर दे रहा था, कन्धे से कन्धा मिलाकर काम में जुटा हुआ।

जैसे-जैसे मन्दिर निर्माण पूर्णता की ओर बढ़ रहा था, नटराजन की धार्मिक गतिविधियाँ बढ़ने लगी थीं। माथे पर चन्दन का टीका और अधिक चौड़ा और लम्बा हो गया था। दफ्तर में उसने अपनी कुर्सी के पीछे दीवार पर शीशे में मढ़ा बालाजी का चित्र टाँग लिया था, दफ्तर का आरम्भिक एक घण्टा, नटराजन बगीचे से फूल तोड़ने, पूजा करने में लगाने लगा था।

आखिर जिस सपने को शिरोड़कर ने पुलिया पर बैठे हुए देखा था, वह पूरा हो गया था। गुरुद्वारा तो पहले ही बन गया था। मन्दिर भी पूरा हो गया था। चर्च और बौद्ध विहार का काम भी जोरों पर चल रहा था।

मन्दिर की भव्यता एक-एक ईंट में दिखाई पड़ रही थी। रंग-रोगन से लेकर सागौन की नक्काशीदार लकड़ी की चौखट और किवाड़ों में यह भव्यता स्पष्ट दिखाई दे रही थी। सभी कुछ मनमोह लेने वाला था, बालाजी की भव्य प्रतिमा दक्षिण से मँगायी गयी थी।

प्रतिमा की प्राण-प्रतिष्ठा का दिन तय हो गया था। मन्दिर परिसर में चहल-पहल बढ़ने लगी थी। उत्तर-दक्षिण की नदियों का जल, रामेश्वरम् से समुद्र जल विशेष रूप से सरकारी खर्चे पर लाया गया था।

तिरुपति से स्वामी आदित्याचार्य प्राण-प्रतिष्ठा के लिए आये थे। आदित्याचार्य जी वेद-शास्त्रों के ज्ञाता थे। बनारस में रहकर उन्होंने शास्त्र अध्ययन किया था। स्वामी जी का गहरा काला रंग उनके लम्बे कद पर जँचता था। वे कमर से ऊपर कोई वस्त्र नहीं पहनते थे। कमर से नीचे सफेद लुंगी लपेटते थे। उनका शरीर जितना भारी था, आवाज उतनी ही महीन और सुरीली थी।

प्राण-प्रतिष्ठा की तैयारियाँ लगभग पूरी हो चुकी थी। मन्दिर के प्रांगण में बड़ा-सा शामियाना लगाया गया था। जिसमें चार-पाँच हजार लोग आसानी से बैठ सकते थे। चारों ओर रंग-बिरंगी झंडियाँ हवा में लहरा रही थीं। पूरे शामियाने में दरी बिछी थी। पंडाल के बाहर सड़क के किनारे गुरुद्वारा समिति ने पीने के ठंडे पानी का इन्तजाम किया था।

स्वामी आदित्याचार्य मन्दिर के चबूतरे पर पूजा वस्त्र पहनकर विराजमान थे। उनके सामने पूजा-सामग्री, फल-फूल, मिठाइयाँ, जल से भरे कलश, दूध से भरे बड़े-बड़े बर्तन, धूप, अगरबत्ती सजे हुए थे। केले के पेड़ों को काटकर पूजा-मंडप सजाया गया था। ध्वनि विस्तारण यन्त्र पर कर्नाटक शैली में भजन गाये जा रहे थे। समूचा वातावरण मंगल ध्वनि से गूँज रहा था।

नटराजन कुछ ज्यादा ही व्यस्त था। आज वह स्वयं भी एक पतली-सी सफेद लुंगी पहनकर आया था। घर से वह नंगे पाँव चलकर मन्दिर आया था। माथे पर लगा चन्दन ज्यादा चौड़ा और ताजा था। कमर से ऊपर सिर्फ जनेऊ था। उसकी व्यस्तता बरबस ध्यान खींच रही थी। वह कभी इधर, कभी उधर आ जा रहा था। स्वामी आदित्याचार्य भी पूजा की तैयारी में लगे थे।

कॉलोनी के इक्का-दुक्का लोग आने शुरू हो गये थे। सबसे पहले बच्चों की एक टोली आयी थी। जिनकी उत्सुकता पूजा-अर्चना से ज्यादा पूजा के बाद मिलने वाले प्रसाद में थी। वे घूम-फिरकर स्वामी जी के आसपास ही मँडरा रहे थे। नटराजन उन्हें कई बार डाँटकर भगा चुका था। "जाओ, जाकर दरी पर बैठो।" बच्चे डरकर इधर-उधर हो गये थे। लेकिन नटराजन के लड़के को चबूतरे पर बैठा देखकर वे फिर वहीं पहुँच गये थे।

गौतम अपने और ऋषि के परिवार को लेकर कुछ जल्दी ही आ गया था। ऋषि थोड़ी देर पहले ही मन्दिर परिसर से लौटकर घर आया था। उसे पहुँचने में देर हो सकती है इसीलिए उसने गौतम से कहा, "तुम सबको लेकर चलो। मैं थोड़ी देर में नहा-धोकर पहुँचता हूँ।"

गौतम जब पंडाल में पहुँचा, बच्चों के अलावा आसपास के गाँव की कुछ

महिलाएँ पंडाल के एक किनारे में झुंड बनाकर बैठी थीं।

पंडाल खाली देखकर गौतम ने अपनी पत्नी से कहा, "जाओ आगे जाकर बैठ जाओ।"

ऋषि की पत्नी कुछ संकोची स्वभाव की थी। सकुचाते हुए बोली, "एकदम आगे...नहीं...इधर पीछे बैठते हैं।"

गौतम ने समझाते हुए कहा, "भीड़ बढ़ जाएगी, वहाँ से कुछ दिखाई भी नहीं देगा। आप लोग वहाँ बैठो। ऋषि भी वहीं आ जाएगा। चलो मैं भी बैठता हूँ।"

वे पंडाल में सबसे आगे बैठ गये। जहाँ से स्वामी जी का चेहरा और भगवान बालाजी की प्रतिमा स्पष्ट दिखाई पड़ रही थी।

गौतम को वहाँ बैठा देखकर नटराजन चौंका। स्वयं को थोड़ा संयत करते हुए बोला, "गौतम भैया, आज का यह दिन हमारे तुम्हारे बैठने का नहीं है। बहुत काम पड़ा है। जाकर काम में हाथ बटाओ। ऋषि कहाँ है?"

"ऋषि अभी आ जाएगा। बताइए मैं तो हूँ...जो भी काम हो बताइए..." गौतम ने उठते हुए कहा।

"वहाँ गेट के पास चले जाओ। जो भी भीतर आये उनसे जूते उतारने के लिए कहो। जूते पहनकर कोई पंडाल में न आये। और जूतों पर नजर रखना, ऐसे में जूता चुराने वाले मँडराते रहते हैं।"

गौतम उठते हुए बोला, "ठीक है... मैं वहाँ जाता हूँ..विमल, तुम लोग बैठो। मैं जरा बाहर का काम देखता हूँ।" गौतम ने जाते-जाते अपनी पत्नी से कहा।

नटराजन का मस्तिष्क तीव्र गति से चल रहा था। गौतम को रोककर बोला, "गौतम अपने बच्चों और पत्नी को भी पीछे ही ले जाओ... वहीं बैठा लो...जाइए भाभी जी..." नटराजन ने आत्मीयता और बेहद नर्म लहजे में कहा।

"लेकिन क्यों?" गौतम ने आश्चर्य से पूछा।

"अरे, भाई, आप समझदार हैं...ले लो बच्चों को भी साथ...यहाँ अकेले बैठे-बैठे बोर हो जाएँगे...आइए भाभी जी आप पीछे बेठिए..." नटराजन ने जोर देकर कहा।

"नहीं...मि. नटराजन इन्हें यहीं बैठने दीजिए।" गौतम ने विरोध किया।

"गौतम जी क्या फर्क पड़ता है। यदि पीछे ही बैठ जाएँगे। यह तो हमारा अपना फंक्शन है...आइए भाभी जी..." नटराजन ने समझाने की कोशिश की।

"नटराजन जी यदि ये लोग यहीं बैठे रहेंगे तो क्या फर्क पड़ जाएगा..." गौतम ने प्रश्न किया।

नटराजन के पास नागराजन खड़ा था। उसने अजीब-सी आवाज में कहा, "यार, जब उठने के लिए कह रहे हैं तो उठते क्यों नहीं। जाओ, जाकर पीछे बैठो।"

नागराजन के रंग-ढंग से गौतम की नसें फड़फड़ाने लगीं। उसने वापस लौटते हुए कहा, "मि. नागराजन तमीज से बात करो। आप होते कौन हैं हमें उठाने वाले...

मि. नटराजन में यहीं बैठूँगा...जूतों की रखवाली के लिए आप इन श्रीमान को भेज दीजिए।" गौतम ने जलती हुई नजरों से घूरते हुए कहा।

"आप तो नाराज हो गये, ये सब सामाजिक चीजें हैं। समाज के नियम कायदों को तो निभाना ही पड़ता है। यदि उन्हें पूरी तरह, पूरे नियमों से न करें तो फल अधूरा रहता है...मैं तो आपको समझाने के लिए कह रहा था।" नटराजन ने गौतम को शान्त करने के लिए कहा।

"समाज के नियम कायदे क्या हैं—जरा खुलकर बोलिए नटराजन साहब। और साथ ही इन महाशय को भी सिखाइए।" गौतम ने तीखे स्वर में कहा, "जिसका जो काम है उसे वही तो दिया जाएगा।" नागराजन ने व्यंग्य भरे शब्दों में कहा।

गौतम बिगड़ उठा, "किसका क्या काम है? सीधे-सीधे कहो। घुमा-फिराकर बोलने की जरूरत नहीं है। मि. नटराजन इस नागराजन से कहो अपनी पतलून में रहे।"

नटराजन ने नागराजन को एक ओर हटा दिया। स्वयं भी थोड़ा हटकर खड़ा हो गया।

नटराजन के पास दो-तीन लोग और आ गये थे, जो गौतम को घूरकर देख रहे थे। आपस में फुसफुसाकर बातें कर रहे थे। बीच-बीच में गौतम की ओर भी देख लेते थे।

गौतम की पत्नी इस बातचीत से आशंकित होने लगी थी। सहमते हुए बोली, "सुनो, चलो पीछे ही बैठ जाते हैं। क्या फर्क पड़ता है। दीदी तो पहले से ही कह रही है।"

गौतम ने उसे डाँट दिया, "चुपचाप बैठी रहो। हम यहीं बैठेंगे।"

पंडाल में भीड़ बढ़ने लगी थी। नटराजन ने अपने विश्वसनीय लोगों को हिदायत दे दी थी, "पंडाल में हिसाब से देखकर लोगों को बैठाओ। आलतू-फालतू लोग आगे नहीं बैठने चाहिए।"

ऋषि इत्मीनान से नहा-धोकर आया! था। वह काफी ताजा लग रहा था। नटराजन को देखते ही वह 'जय बालाजी' कहता था। ऋषि के 'जय बालाजी' कहने के ढंग से नटराजन भीतर तक तिलमिला जाता था। और कोई अवसर होता तो शायद कुछ प्रत्युत्तर में वह भी कह देता। लेकिन अवसर नाजुक था। गौतम के परिवार को भी आगे से उठाना था। इसीलिए सिर्फ मुसकराकर रह गया।

ऋषि के कन्धे पर हाथ रखकर बोला, "कहाँ थे अभी तक...तुम्हें पता है तुम्हारे बगैर यहाँ पत्ता भी नहीं हिल सकता।" ऋषि का हाथ पकड़कर नटराजन उसे एक किनारे ले गया।

"बात क्या है कुछ कहो तो।" ऋषि ने पूछा।

"ऋषि, तुम तो समझदार और पढ़े-लिखे आदमी हो... वह गौतम वहाँ बैठा है।

सबसे आगे।" नटराजन ने धीमे स्वर में कहा।

"तो?"

"तो क्या? उसे और उसके बच्चों को उठाकर पीछे बैठाओ..."

"लेकिन क्यों?"

"अब तुम्हें कैसे समझाऊँ ऋषि...तुम जो जानबूझकर नासमझ बनने का नाटक कर रहे हो?" नटराजन ने क्षोभ व्यक्त किया।

"नटराजन जी साफ-साफ कहिए...पहेलियाँ बुझाने का यह वक्त नहीं है। आखिर बात क्या है?" ऋषि गम्भीर हो गया था।

"तुम क्या जानते नहीं?" नटराजन ने ताश के पत्तों की तरह शब्दों को फेंटा।

"क्या?" ऋषि ने जैसे ताश की गड्डी कट की।

"ये गौतम...एस.सी. है।" नटराजन ने आखिर चाल चल दी।

"तो इससे क्या फर्क पड़ता है...श्री नटराजन जी..." ऋषि ने व्यंग्य से कहा।

"फर्क पड़ता है...पूजा अनुष्ठानों में उन्हें आगे नहीं बैठाया जा सकता? यह रीत है। शास्त्रों की मान्यता है।" नटराजन ने गहरे अवसाद में भरकर कहा।

"तो यह बात है...मिस्टर नटराजन यह ज्ञान आपको आज ही प्राप्त हुआ है कि गौतम एस.सी. है। जब वह दिन-रात अपना खून-पसीना बहा रहा था इस मन्दिर को खड़ा करने में, तब आप नहीं जानते थे...कि वह एस.सी. है। तब आपने क्यों नहीं कहा कि जो एस.सी. है वह मन्दिर के काम में हाथ न बटाये। इसके चूने-गारे में अपने जिस्म का पसीना न मिलाये, क्यों नहीं आपने ऐलान किया कि जो ईंट किसी एस.सी. ने बनायी है या पकायी है, ट्रक में चढ़ायी या उतारी है, वे ईंटें इस मन्दिर में नहीं लगेंगी। उस वक्त भी तो सोचना चाहिए था..." ऋषि ने पूरी शक्ति से विरोध किया।

नटराजन अवाक् होकर ऋषि का मुँह ताक रहा था। क्षोभ में भरकर बोला, "ऋषि, तुम ब्राह्मण होकर ऐसी बातें कर रहे हो?...समझने की कोशिश क्यों नहीं करते।"

"हाँ, ब्राह्मण हूँ...तो क्या इसीलिए गौतम को पंडाल में सबसे पीछे बैठने के लिए बाध्य करूँ...नहीं नटराजन जी...इस मन्दिर को खड़ा करने में उसका भी हाथ है...यह मन्दिर उसका भी है...वह वहाँ से नहीं उठेगा, इतना समझ लीजिए नटराजन जी।" ऋषि ने कड़े शब्दों में ऐलान किया।

नटराजन के आसपास भीड़ जमा हो गयी थी। कई लोग ऋषि को समझाने की कोशिश करने लगे थे। ऋषि ने साफ कह दिया, "वह गौतम को उठाने के पक्ष में नहीं है। यदि किसी ने ऐसी कोई हरकत की तो बुरा होगा। अकेला गौतम नहीं और लोग भी बैठे हैं। किस-किसको उठाओगे।"

नटराजन के पीछे रामलोचन उपाध्याय खड़े थे। बड़ी देर से कुछ बोलना चाह

रहे थे। लेकिन सूत्र हाथ में नहीं आ रहा था। होठ के भीतर दबी खैनी को बाहर निकालकर फेंकते हुए बोले, “अरे, यह मन्दिर उसका कैसे हो गया। ज्यादा ही पूजापाठ का शौक है तो अपना मन्दिर बना ले अलग से। किसने रोका है। यह हमारा है। हम पूजा-पाठ, अनुष्ठान अपने ढंग से करेंगे। उसमें किसी शूद्र या मलेच्छ का प्रवेश निषेध है।”

उपाध्याय की बात से ऋषि आपे से बाहर हो गया, “अरे, ओ, थाली के बैंगन, तू आज यहाँ मन्दिर का मालिक बनकर खड़ा हो गया है। उस रोज कहाँ था, जब ईंट-गारे का काम हो रहा था। तब तो रोज तेरा ब्लड प्रेशर लो हो जाता था। बुलाने से भी नहीं आता था। सौ-सौ बहाने ढूँढ़कर घर में बैठ जाता था। और आज यहाँ खड़ा होकर बकवास कर रहा है...” ऋषि ने चीखकर कहा।

ऋषि की आवाज सुनकर पंडाल के लोग भी उठकर देखने लगे। गौतम भी उठकर वहाँ आ गया। ऋषि के तेवर देखकर वह सकते में आ गया था। मामला काफी नाजुक लग रहा था। उसने ऋषि को वहाँ से हटाने की कोशिश की।

“चलो भाई, हम लोग घर चलते हैं। ऐसे अनुष्ठानों में बैठकर क्या होगा, जहाँ आदमी को आदमी की तरह न समझा जाए।” गौतम ने उसे शान्त करने की कोशिश की।

“नहीं गौतम, यह तेरी या मेरी लड़ाई नहीं है...आज यह जगह छोड़कर तुम चले भी गये तो फिर इस लड़ाई को जारी रखना मुश्किल होगा। और फिर तुम क्यों जाओगे। जाएँगे वे जो निकम्मे और जाहिल हैं। यह मन्दिर इनका कैसे हो गया. ..आओ मेरे साथ...” ऋषि ने गौतम का हाथ पकड़ा और पंडाल के बीचोंबीच ले आया। माइक पर मंगल ध्वनि गूँज रही थी। स्वामी जी भी पूजा-स्थल छोड़कर नटराजन के साथ खड़े हो गये थे।

ऋषि ने लोगों को सम्बोधित करके कहना शुरू किया, “भाइयो...” वह आगे कुछ कहता कि नटराजन और उसके साथियों ने बालाजी का जयकारा शुरू कर दिया। बालाजी की जय-जय के शोर में ऋषि के शब्द घुटकर रह गये। वह जो कुछ कह रहा था, किसी को सुनाई नहीं पड़ रहा था। क्षण भर को लगा जैसे पूरा पंडाल बालाजीमय हो गया है। भीड़ चीख-चीखकर जय बालाजी का उद्घोष कर रही थी।

ऋषि की समूची शक्ति उसकी आँखों में उतर आयी थी। नसें खिंचने लगी थीं। गौतम खड़ा समूचे दृश्य को देख रहा था। ऋषि के चेहरे पर फटते ज्वालामुखी को उसने पहचान लिया था। इससे पहले कि गौतम ऋषि को पंडाल से बाहर लाये ऋषि ने चीखकर पंडाल के एक बाँस को जोर से खींचा। लगा जैसे समूचे पंडाल में भूचाल आ गया है। गौतम ने ऋषि को रोकने की बहुत कोशिशें कीं, लेकिन तब तक ऋषि बाँस खींच चुका था। बाँस के खींचते ही पंडाल एक ओर लुढ़कने लगा। अब वह दूसरे बाँस को गिरा चुका था। पंडाल में भगदड़ मच गयी। धक्का-मुक्की में लोग

गिरने लगे। महिलाओं और बच्चों की चीख-पुकार में कुछ सुनाई नहीं पड़ रहा था।

नटराजन और उसके साथी ऋषिराज को पकड़ने दौड़े। कौन किसको पीट रहा है पता ही नहीं चलता था।

शोर-शराबे के बीच सभी कुछ क्षण-भर में धराशायी हो गया था। नटराजन और स्वामी आदित्याचार्य का कहीं अता-पता नहीं था। खाली कलश लुढ़के पड़े थे। नदियों और समुद्र का जल एकाकार होकर जमीन में समा गया था। जगह-जगह जूते-चप्पल बिखरे पड़े थे।

समूचे वातावरण में दहशत और तनाव की छाया पसर गयी थी। मन्दिर में रखी बालाजी की पाषाण प्रतिमा समूचे परिदृश्य को जड़वत देख रही थी।

अन्त वही हुआ, जो अक्सर होता है। ऋषि और गौतम को दंगा और तोड़फोड़ करने के आरोप में पुलिस ने गिरफ्तार कर लिया। नटराजन ने अपना तबादला करा लिया।

कुछ दिन बाद बिना ताम-झाम के प्राण-प्रतिष्ठा का अनुष्ठान सम्पन्न करा दिया गया। शिरोड़कर का सपना किस रूप में साकार हुआ, आप स्वयं ही सोचकर देखिए। थोड़ा लिखा, ज्यादा जानिए।

कहानीकार और कहानियाँ

रैवरेंड जे. न्यूटन

रैवरेंड जे. न्यूटन ईसाई धर्म-प्रचारक तथा लेखक रहे हैं। उनकी प्रस्तुत कहानी ईसाइयों की एक पुस्तिका के रूप में 'जमींदार का दृष्टान्त' इ स्टोरी ऑफ जमींदार और, लैंडलार्ड एण्ड हिज टेनेट्स' नाम से (लुधियाना, प्रथम संस्करण 1871 पृ. 42) प्रकाशित हुई थी। उसका पुनर्मुद्रण 1909 में 'नॉर्थ इंडिया क्रिश्चियन ट्रैक्ट एण्ड बुक सोसायटी से हुआ, जो नागरी प्रचारिणी सभा काशी में उपलब्ध है। इस कहानी को डॉ. अजय तिवारी ने हिन्दी की प्रथम कहानी स्वीकार की है। (दृष्टान्त : वर्तमान साहित्य, शताब्दी कथा विशेषांक, पृ. 'हिन्दी की पहली कहानी' शीर्षित लेख : पृ. 33 से 46)।

'जमींदार का दृष्टान्त' में किसान-जमींदार सम्बन्धों का तनाव, जमींदार का शोषण और उसकी धूर्तता, किसानों की अबोधता तथा महाजन की नेक दिली और निस्वार्थता का चित्रण है। महाजन उस जमींदार का मित्र है, लेकिन वह किसानों को मदद कर जमींदार के ऋण से मुक्ति दिलाना चाहता है। जो किसान अब तक के अनुभव के नाते सन्देह करते हैं, वे अन्त में तबाह होते हैं। जो अत्यन्त निर्धन हैं, वे महाजन की मदद से देनदारी चुकाकर चैन की साँस लेते हैं।

माधवराव सप्रे

माधवराव सप्रे का जन्म सन् 1871 में हुआ। आप मराठी भाषी थे लेकिन हिन्दी के प्रति आपके मन में असीम प्रेम था। इसीलिए हिन्दी पत्रकारिता और साहित्य की सेवा में आपने अपना बहुमूल्य योगदान दिया है। सन्1900 में आपने 'छत्तीसगढ़ मित्र' पत्र का प्रकाशन आरम्भ किया। 1909 ई. में नागपुर से 'हिन्दी ग्रन्थमाला' का प्रकाशन किया और तदुपरान्त लोकमान्य तिलक के 'केसरी' पत्र से प्रेरित होकर 'हिन्दी केसरी' पत्र निकाला। आपने अनुवाद कार्य में भी अपना योगदान दिया है। लोकमान्य तिलक के मराठी ग्रन्थ 'गीता रहस्य' का आपके द्वारा किया गया अनुवाद

चर्चित रहा है। राजनीति तथा शिक्षा से सम्बन्धित ग्रन्थ आपने लिखे हैं।

'एक टोकरी भर मिट्टी' हिन्दी की आरम्भिक कहानियों की प्रतिनिधि कहानी है। दृष्टान्तनुमा इस कहानी में धन-मद से गर्वित हो अपना कर्तव्य भूले एक जमींदार के हृदय परिवर्तन का प्रसंग चित्रित है। जमींदार के महल के पास एक गरीब, अनाथ विधवा की झोंपड़ी थी। धन और बल के जरिये जमींदार वह झोंपड़ी उससे छीन लेता है। विधवा जमींदार से प्रार्थना करती है कि झोंपड़ी की जमीन से उसे एक टोकरी भर मिट्टी लेने की अनुमति दें। टोकरी भर मिट्टी उठाने में जमींदार जब मदद करते हैं तब टोकरी एक हाथ भर भी नहीं उठा पाते। विधवा जमींदार से कहती है—"महाराज नाराज न हों, आप से तो एक टोकरी भर मिट्टी नहीं उठायी जाती और इस झोंपड़ी में तो हजारों टोकरियाँ मिट्टी है। उनका भार आप जन्मभर क्यों उठा सकेंगे? आप ही इस बात पर विचार कीजिए।" धन-मद में मशगूल जमींदार विधवा के इस कथन पर होश में आता है और झोंपड़ी उसे वापस कर देता है।

चन्द्रधर शर्मा 'गुलेरी'

चन्द्रधर शर्मा 'गुलेरी' इनका जन्म सन् 1883 में हुआ। आधुनिक हिन्दी कहानी, निबन्ध तथा समीक्षा एवं भाषा शास्त्र के विकास में चन्द्रधर शर्मा 'गुलेरी' का योगदान महत्त्वपूर्ण समझा जाता है। आप संस्कृत के प्रकाण्ड पंडित तथा अंग्रेजी के अच्छे जानकार थे। आपने केवल तीन कहानियाँ लिखी हैं, लेकिन इन्हीं की बदौलत आपने हिन्दी कहानियों के आरम्भिक दौर में एक नया मोड़ देने का सफल प्रयास किया है।

'उसने कहा था' कहानी इतनी लोकप्रिय रही है कि अब तक न जाने कितने कथा-संग्रहों में इसे स्थान मिला है और अनेक विद्वानों ने इसकी विशेषताओं को अपनी-अपनी दृष्टि से आँका है। वस्तुतः हिन्दी कहानी का अभी शैशव ही था कि 1915 ई. में 'गुलेरी' जी इस कालजयी कहानी की रचना कर सके। किशोर प्रीति का ऐसा उदात्त और त्यागमय रूप यहाँ प्रकट होता है कि उसमें वीरता, शौर्य, त्याग और प्रेम पर सर्वस्व न्यौछावर करने का एक युग-प्रेरक आदर्श कथा-नायक लहना सिंह के रूप में प्रस्तुत होता है। साहित्यशास्त्र की बँधी हुई परिपाटी का प्रेम-चित्रण यहाँ नहीं है, यह ऐसा प्रेम है जो पूरी तरह 'प्रेम' की परिभाषा में आता भी नहीं है। बारह वर्ष का लड़का और आठ वर्ष की लड़की के बीच (उस समय के परिवेश में) प्रेम की कल्पना ही नहीं की जा सकती। इस प्रीति पर अडिग विश्वास कि पच्चीस वर्ष बाद मिलने पर भी प्रौढ़ा सुबेदारनी को विश्वास है कि

वह प्राण-पण से मेरे पुत्र को बचाने की चेष्टा करेगा। उस विश्वास का रक्षक लहना अपने प्राणों को संकट में डालकर भी 'उसने कहा था' के वचन को पूरा करता है। यही इस दिव्य प्रेम की शाश्वतता का रहस्य है। शिल्प-संरचना और भाषा-वैभव की दृष्टि से भी यह अपने समय से बहुत आगे की रचना थी, इसीलिए आज भी उसमें वही रस मिलता है।

प्रेमचन्द

प्रेमचन्द का जन्म सन् 1880 में उत्तर प्रदेश के लमही गाँव में हुआ था। प्रेमचन्द हिन्दी-उर्दू के श्रेष्ठ उपन्यासकार और कहानीकार हैं। आपकी लगभग 250 कहानियाँ मानसरोवर के आठ भागों में प्रकाशित हैं। सेवा सदन, रंगभूमि, गबन, गोदान आदि आपके प्रसिद्ध उपन्यास हैं। गोदान मात्र हिन्दी ही नहीं भारतीय साहित्य की एक अमूल्य निधि है। कहानी-उपन्यास के अतिरिक्त आपने निबन्ध, नाटक और आलोचना आदि भी लिखी है। प्रेमचन्द सच्चे अर्थों में भारतीय जनता के कथाकार हैं और गुलामी, अशिक्षा, अन्धविश्वास के विरुद्ध उन्होंने निरन्तर संघर्ष किया।

'नैराश्य' प्रेमचन्द की एक महत्त्वपूर्ण कहानी है। स्त्री-भ्रूण हत्या के जघन्य कुकर्मों से ग्रसित वर्तमान परिवेश में यह कहानी मात्र प्रासंगिक ही नहीं बल्कि आत्मचिन्तन के लिए विवश कर देती है। शिक्षा-दीक्षा तथा तथाकथित आधुनिकता के बावजूद आज भी अधिकांश परिवार में बेटा 'कुलदीपक' तथा बेटी 'पराया धन' ही माना जाता है और मात्र बेटियों को पैदा करने वाली स्त्री को अपराधिनी..... पापी। प्रस्तुत कहानी की 'निरुपमा' इसी त्रासदी की शिकार है।

जयशंकर प्रसाद

जयशंकर प्रसाद का जन्म वाराणसी के एक सम्पन्न परिवार में सन् 1889 ई. में हुआ था। इनके पिता का नाम श्री देवी प्रसाद जी था जो सुँघनी साहु के नाम से प्रसिद्ध थे। प्रसाद जी के पिता साहित्य प्रेमी थे जिस कारण प्रसादजी को विद्वानों की संगति का अवसर बचपन में ही प्राप्त हुआ। पिता और बड़े भाई की मृत्यु के उपरान्त परिवार का सारा उत्तरदायित्व इनको निभाना पड़ा। पूरी जिम्मेदारी से कार्य करते हुए भी इन्होंने वेद, उपनिषद, दर्शन और इतिहास का ज्ञान प्राप्त कर साहित्य साधना भी की। प्रसाद जी एक साथ कवि, नाटककार, उपन्यासकार, कहानीकार और निबन्धकार हैं। 'कामायनी' इस सदी की श्रेष्ठ रचना है। 'छाया', 'प्रतिध्वनि', 'आकाशदीप', 'आँधी' और 'इन्द्रजाल' आदि आपके कहानी संग्रह हैं। 'कंकाल', 'तितली' और

'इरावती' आदि उपन्यास तथा नाटक—'स्कन्दगुप्त', 'चन्द्रगुप्त' और 'ध्रुवस्वामिनी' आदि नाटक ख्यात रहे हैं।

'पुरस्कार' प्रसाद की एक चर्चित कहानी है । प्रसाद प्रेम और सौन्दर्य के कहानीकार हैं। प्रस्तुत कहानी की नायिका मधुलिका में प्रेम एवं सौन्दर्य का सुन्दर सामंजस्य है। उसमें स्वाभिमान है, देशप्रेम है। वह अरुण से प्रेम करती है परन्तु देश प्रेम या राष्ट्र प्रेम सर्वोपरि है। कोशल के प्रसिद्ध उत्सव के प्रसंग में महाराज से भूमि का पुरस्कार मूल्य अस्वीकार कर अभावग्रस्त जीवन यापन करती है। प्रेमी अरुण के षड्यन्त्र में अनजाने शामिल हो जाती है, लेकिन जब अरुण दुर्ग के दक्षिण की ओर से आक्रमण की योजना बनाता है, तब उसके मन में देश प्रेम जग जाता है और वह अरुण के आक्रमण का षड्यन्त्र महाराज को कह देती है। अरुण बन्दी हो जाता है, उसे मृत्युदंड दिया जाता है, तब अरुण के प्रति उसके मन का प्रेम जग जाता है और महाराज से अरुण के साथ ही अपने लिए भी मृत्युदंड का 'पुरस्कार' माँगती है। कर्तव्य एवं प्रेम के उदात्त आदर्श का सुन्दर संयोग मधुलिका के चरित्र में हुआ है।

जैनेन्द्र कुमार

जैनेन्द्र कुमार का जन्म सन् 1905 में कोडियागंज, अलीगढ़ में हुआ। आपने मुख्यतः उपन्यास और कहानियों में अपनी प्रतिभा का निखार पाया है। परख, सुनिता, कल्याणी, त्यागपत्र, सुखदा, विवर्त, आदि आपके चर्चित उपन्यास हैं। जैनेन्द्रकुमार की कहानियाँ के नाम से दस भागों में आपकी सम्पूर्ण कहानियाँ संकलित हैं।

जैनेन्द्र ने हिन्दी कहानी के स्तर को उठाने में बड़ा अमूल्य योगदान दिया है, मानव मन के अन्तर्गत के चित्रण में जैनेन्द्र को अद्भुत सफलता प्राप्त है। मनोविज्ञान तथा दर्शन उनकी कहानियों में प्रभावी ढंग से प्रकट होता है।

'वह साँप' जैनेन्द्र की एक ख्यात कहानी है। कहानी में एक जहरीला साँप है। उसके काटने से एक देव बालक की मृत्यु हो जाती है। पश्चात्ताप दग्ध साँप भगवान से प्रार्थना करता है कि दूसरों के जीवनहरन करने वाले जहर से उसे मुक्त करे। एक सपेरे द्वारा उसके जहर के दाँत निकाले जाने पर खुश होता है कि अब वह किसी को कोई हानि नहीं पहुँचायेगा, कोई उसके प्रति घृणा नहीं करेगा। लेकिन कुछ ही दिन सपेरे के पास रहने पर उसे पता चल जाता है कि जहर के बिना वह अब औरों के लिए मात्र एक खिलौना बन गया है। अब वह समझ गया है कि जहर ही उसका बल था...व्यक्तित्व था, अस्तित्व था। विषम संसार में निर्बलता गुलामी का दूसरा नाम है, चाहे वह साँप हो, व्यक्ति हो, समाज हो या राष्ट्र।

मोहन राकेश

मोहन राकेश का जन्म सन् 1950 में अमृतसर में हुआ। आपका वास्तविक नाम मदन मोहन गुगलानी था। हिन्दी नाटक, उपन्यास तथा कहानी साहित्य में आपका बहुमूल्य योगदान रहा है। आषाढ़ का एक दिन, लहरों के राजहंस, आधे-अधूरे तथा पैरोंतले की जमीन आपके चर्चित नाटक रहे हैं। अँधेरे बन्द कमरे, अन्तराल तथा न आने वाला कल यह तीन उपन्यास तथा नये बादल, फौलाद का आकाश, आज के साये, रोये-रेशे, एक-एक दुनिया, मिले-जुले चेहरे, क्वार्टर तथा अन्य कहानियाँ, पहचान तथा अन्य कहानियाँ आदि आपके कहानी संग्रह प्रकाशित हैं।

कहानी के क्षेत्र में मोहन राकेश का विशिष्ट योगदान रहा है। नयी कहानी को प्रस्थापित करने में उन्होंने अपना सक्रिय सहयोग दिया है। राकेश की कहानियों में शहरी मध्यवर्गीय जिन्दगी के तनावों को बहुत बारीकी से चित्रित किया गया है। दाम्पत्य की दूरियाँ और एकाकीपन पर भी उन्होंने पहली बार इतनी प्रामाणिकता से लिखा है। राकेश की कहानियों की एक और बड़ी विशेषता भारत-पाक विभाजन की त्रासदी का साक्षात्कार है। परमात्मा का कुत्ता उन्हीं में से एक है।

'परमात्मा का कुत्ता' कहानी में देश विभाजन के पश्चात् भारत में आये पुरुषार्थियों की परेशानियों का करुण चित्रण है। पाकिस्तान से उजड़कर आये लोगों को जमीन अलाट करने के बहाने कितनी धाँधली होती रही, कितना अन्याय होता रहा इसका यथार्थ चित्रण इस कहानी में मिलता है। इसी बहाने देश की नौकरशाही का जो नंगा रूप उघाड़ा गया है वह आज भी उतना ही सत्य है, जितना साठ-पैंसठ वर्ष पहले था। कहानी का शीर्षक 'परमात्मा का कुत्ता' अपने भीतर कहानी की संवेदना की प्रतीकात्मक व्यंजना सँजोये हुए है।

फणीश्वरनाथ रेणु

रेणु जी का जन्म 21 फरवरी, 1921 में बिहार के पूर्णिया जिले के हिंगना ग्राम में हुआ। स्वातन्त्र्योत्तर हिन्दी कथा साहित्य को एक नया मोड़ देने का सफल प्रयास रेणु जी ने किया है। मैला आँचल, परती की परिकथा आदि उपन्यास, ठुमरी, आदिम रात्रि की महक, आदि कहानी संकलनों के माध्यम से हिन्दी कथासाहित्य में एक नया प्रतिमान स्थापित करने में वे सफल हुए हैं। वे अपनी रचनाओं में मानवीय गुणों के प्रति सजग हैं। रेणुजी की कहानियाँ किसी विशेष गाँव, स्थान या भू-भाग की भाषा और विशेष वस्तु लेकर आती हैं। इनमें ग्राम की संस्कृति सजीव हो उठती है। आपके समस्त कथा साहित्य की भाषा पर आंचलिकता का गहरा प्रभाव मिलता है। इनमें

चिर-परिचित चरित्रों का समग्र चित्र सामने आ जाता है। रेणु जी की कुछ कहानियाँ ऐसी भी हैं, जिनमें आंचलिक भाषा का प्रयोग कम हुआ है। 'ठेस' कहानी ऐसी कहानियों का प्रतिनिधित्व करती है।

'ठेस' कलाकार के मनोविज्ञान की कहानी है। कलाकार हिसाब-किताब नहीं जानता, वह स्नेह-सम्मान चाहता है। उसके स्वाभिमान को जब ठेस पहुँचती है, तो वह उसे सह नहीं पाता है। वह अभाव गरीबी की भरपूर मार को हँसते-हँसते सहता है, उनका उसकी सृजनशीलता पर कोई प्रभाव नहीं पड़ता, लेकिन आत्मसम्मान पर पड़ी हल्की-सी चोट भी मर्मान्तक पीड़ा देती है। कलाकार सरल हृदयी होता है, वह दाँव-पेंच, छल-प्रपंच नहीं जानता। इसी कारण वात्सल्य, प्रेम आदि पवित्र-भाव भी उसके में भरे होते हैं। कहानी में सिरचन ऐसा ही कलाकार है। गृहस्वामिनी की बातों से उसका मन टूट जाता है, उसका स्वाभिमान जागता है, इसलिए वह उनके घर पर काम बन्द कर देता है। लेकिन गाँव की बेटी जब बिदा होती है, तो उसके मान-सम्मान की भावना से स्टेशन पर जाकर उसे उसकी मनचाही शीतलपटिया भेंट कर गाँव की परम्परा निभाता है।

मैत्रेयी पुष्पा

मैत्रेयी पुष्पा का जन्म सन् 1944 में अलीगढ़ जिले के सिकुर्रा गाँव में हुआ था। आप आज की सबसे अधिक चर्चित महिला रचनाकार हैं। आपके चाक, अल्मा कबुतरी, विजन, अगन पाखी, झूलानट, बेतवा बहती रही आदि उपन्यास तथा चिह्नार, ललमिनियाँ तथा गोभा हँसती है आदि कहानी संग्रह ख्यात रहे हैं। 'कस्तूरी कुंडल बसै' तथा 'गुड़िया भीतर गुड़िया' आपकी आत्मकथा है।

'फैसला' मैत्रेयी पुष्पा की एक ख्यात कहानी है। इस पर 'वसुमती की चिट्ठी' नाम से टेलीफिल्म भी बनी है। कहानी पत्रात्मक शैली में लिखी गयी है। वसुमती अपने मन का द्वन्द्व अपने अध्यापक को चिट्ठी में व्यक्त कर रही है। महिला आरक्षण राजनेताओं की एक विवशता बन गयी है, इसीलिए महिलाओं को राजनीति में विशेषकर चुनावी राजनीति में अवसर देना आवश्यक हो गया है। महिलाएँ ग्राम सभा से संसद तक के चुनाव जीतकर राजनीति में प्रवेश कर रही हैं, लेकिन पुरुषप्रधान संस्कारों से ग्रस्त पुरुषों के हाथ वे मात्र कठपुतलियाँ बनने के लिए विवश हैं। कहानी की वसुमती ने चुनाव जीतकर गाँव के विकास के सपने देखे। लेकिन कुछ ही दिनों में उसे महसूस हुआ कि भले ही वह गाँव की प्रधान चुनी गयी है, लेकिन फैसले तो पति रनवीर ही करते हैं, सत्ता उसी के हाथ में है। वह चाहकर भी कुछ नहीं कर सकती। लेकिन चुनाव में रनवीर को वोट न

देकर उसे हरा देती है, मानो वह उसका अपना फैसला हो। ग्राम की महिलाओं की चेतना को रेखांकित करती यह कहानी आज की राजनीति का असली चेहरा सामने लाती है।

डॉ. दामोदर खड़से

डॉ. दामोदर खड़से का जन्म 11 नवम्बर, 1948 में ग्राम पटना, जिला सरगुजा, छत्तीसगढ़ में हुआ। डॉ. खड़से बहुमुखी प्रतिभा के धनी रचनाकार हैं। सृजनात्मक-आलोचनात्मक लेखन के साथ ही अनुवाद के क्षेत्र में आपका अमूल्य योगदान रहा है। दया पवार के 'बलन्तु' शीर्षित आत्मकथा के अनुवाद 'अछूत' द्वारा मराठी दलित आत्मकथा साहित्य को हिन्दी जगत को परिचित कराने का सर्वप्रथम सफल प्रयास आप ही का रहा है। अछूत के अतिरिक्त रामनगरी (रामनगरकर), कालचक्र (जयवन्त दलवी), पराया (लक्षमण माने), झुंड (शरणकुमार लिंबाळे), बारोमास (सदानन्द देशमुख), आदि कई मराठी रचनाओं के अनुवाद आपने किये हैं। आपका सृजनात्मक साहित्य इस प्रकार है–

कविता : अब वहाँ घोंसले हैं, जीना चाहता है मेरा समय, सन्नाटे में रोशनी, तुम लिखो कविता, निन्द कभी नहीं सूखाती, पेड़ कभी अकेले नहीं होते।

कहानी : भटकते कोलंबस, पार्टनर, आखिर वह एक नदी थी, जन्मान्तर गाथा, इस जंग में, सम्पूर्ण कहानियाँ उपन्यास : काला सूरज, भगदड़ यात्रा व भेंट वार्ताएँ : जीवित सपनों का यात्री, एक सागर और माँ।

'साहब फिर कब आयेंगे माँ' बर्तन माँजने वाली एक स्त्री के परिवार के अभावग्रस्त जीवन की त्रासद संवेदना को प्रभावपूर्ण ढंग से व्यक्त करने वाली कहानी है। 'होटल गोल्डन गेट' में एक मीटिंग आयोजित की गयी है, जिसमें मुख्यमन्त्री आने वाले हैं। कलक्टर आफिस से होटल को आदेश दिया जाता है कि कल मीटिंग के बाद के भोजन का मेन्यू 'मक्के की रोटी और सरसों का साग' रहेगा। होटल का रसोइया यह व्यंजन पकाना नहीं जानता इसलिए होटल में बर्तन माँजनेवाली मंगली पर यह जिम्मेदारी सौंपी जाती है। मुख्यमन्त्री भोजन की बार-बार तारीफ करते हैं। सब की वाहवाही होटल का रसोइया प्राप्त करता है और इसकी सच्ची हकदार मंगली मात्र ढेर सारा जूठन। रात को तरह-तरह के व्यंजनों के जूठन भरपेट खाने के उपरान्त उसकी छह साल की छोटी बेटी पूछती है–माँ साहब फिर कब आएँगे? बेटी का यह सवाल सम्पूर्ण कहानी का दर्द चरम स्थिति में पहुँचा देता है। सहज स्वाभाविक चरित्र, चित्रात्मक चित्रण और सघन अनुभूति के बल पर यह कहानी पाठकों पर गहरा प्रभाव छोड़ जाती है।

ओमप्रकाश वाल्मीकि

ओमप्रकाश वाल्मीकि का जन्म 30 जून, 1950 को हुआ। कथाकार, आलोचक तथा सामाजिक, सांस्कृतिक समस्याओं के लेखक के रूप में आपका महत्त्वपूर्ण स्थान है। 'जूठन', 'सदियों का सन्ताप', 'बस्स बहुत हो चुका', 'सलाम' आदि आपकी चर्चित रचनाएँ हैं।

'सपना' सामाजिक समता, सौहार्दता तथा बन्धुता के सपने के टूटने की कहानी है। जाति, धर्म ने हमारे समाज को इस प्रकार विभाजित किया है कि सम्पूर्ण शिक्षा-दीक्षा के बावजूद हम जाति-धर्म की संकीर्णता से ऊपर उठ नहीं पाते। कहानी में एक कारखाने की आवासी नयी कालोनी में प्रोजेक्ट ऑफीसर शिरोड़कर एक ही परिसर में मन्दिर, मस्जिद, गिरजाघर तथा बुद्ध विहार का निर्माण कर सर्वधर्म समभाव का सपना देखते हैं। अपने सपने को साकार करने के लिए वे भरसक प्रयास करते हैं लेकिन अचानक उनका तबादला हो जाता है। उनके स्थान पर आये रामास्वामी तथा नटराजन के कारनामों से शिरोड़कर का सपना मात्र सपना ही बना रहता है और धर्म, जातिगत साम्प्रदायिकता धार्मिकता बन जाती है।